業務も部下も動かせる!

公務員の「係長」の教科書

秋田将人
［著］
MASATO AKITA

学陽書房

はじめに

「とても自分には務まらないから、係長にはならない」
「係長試験には合格したけれど、本当に係長ができるのか不安だ」
「係長になったけれど、自分の方法が正しいのか自信が持てない」

このような声を職員から聞くことが多くなりました。

現在は、責任が重くなるばかりで給料もあまり上がらないことなどから、職員に昇任意欲があまりないと言われます。また、係長試験に合格したり、実際に係長になったりした後でも、部下指導や上司の補佐、最近ではプレイングマネージャーの役割も抱えた係長の職責の大きさに不安を抱えている人も増えています。この書籍を手に取ったあなたも、そのように感じている方の一人かもしれません。

しかし、一方で**係長の職をそつなくこなす人がいる**ことも事実です。本書は、以前に『ストレスゼロで成果を上げる　公務員の係長のルール』として出版した書籍を加筆・再編集したものです。前著ではそうした「できる係長」たちから教わった内容や、実際に私が失敗から学んだことなどをふんだんに盛り込みました。その結果、

「実践的なアドバイスが得られた」「新係長必携」などのお声をいただくとともに、ありがたいことにロングセラーとなり、長期にわたり多くの方に読んでいただけました。

しかし、その後、**係長を取り巻く環境は大きく変わりました**。各地の自治体で係長試験が廃止されていわゆる「一本釣り」で指名されたり、主任試験合格者が係長になったりするなど、職員にとって係長を務めることはより困難になってきました。

また、前著を執筆した当時、私は課長でしたが、その後に部長になり、勧奨退職しました。このため、より組織の高い位置から係長のあり方や、自治体の外から「求められる係長の役割」を考えさせられるようになりました。

こうしたことを踏まえ、本書では現在の係長に求められるものを明確にし、**「どうすれば、回り道せず、またストレスを減らして係長の職責を果たせるか」**を、できるだけわかりやすく解説しました。前著よりも、より内容が明確になったと考えています。

本書の特長は、次の三点です。

1　係長に必要なスキル・思考を具体的に解説

2　コロナ禍による環境変化、より困難になった部下指導など、現在の係長を取り巻く状況を反映

3　係長の魅力・やりがいから、ストレス・マネジメントに至るまで幅広く網羅

係長の職責を果たすためには、やはりそれに応じたスキル・思考が求められます。抽象論でなく、その具体的内容を数多く盛り込みました。おそらく、読み進めていただければ、「確かに、こういうことがある」と実感していただけると思います。

また、コロナの影響によって対面での会話が制限され、それによりＯＪＴが困難になるなど、部下指導などのコミュニケーションにも影響してきました。さらに、係長を続けていくためには、自分自身をコントロールすることも求められます。

以上のことから、係長の魅力、スキル・思考だけでなく、係長としてのストレス・マネジメントについても幅広くカバーし、係長を務めるにあたって必要な様々な分野について解説をしています。

係長として実際に困っている方はもちろんのこと、昇任前で不安に感じている方、係長になろうかどうか迷っている方々にとって、少しでも参考になれば幸いです。

秋田将人

STEP 1 係長はここが違う！ やりがい・役割・マインドセット

STEP 2 一人ひとりの力を伸ばす部下指導のコツ

STEP 3
チーム力を最大限発揮するリーダーシップの極意

STEP 4
係の仕事をスムーズに回すマネジメントの基本

STEP 5 上司を動かすためのフォロワーシップ

STEP 6 現場で役立つ住民対応のヒケツ

STEP 7
多忙な係長のためのストレス・マネジメント

STEP 1

係長はここが違う！やりがい・役割・マインドセット

1 現場のリーダー・係長だからこそ得られるやりがい

係長は面白い！

皆さんは、係長に対してどのようなイメージを持っているでしょうか。

「いつも課長から、いろいろと指示されていて忙しそう」

「問題職員の指導もしていて大変」

「窓口でトラブルが起きたら、職員に代わって対応しなければならない」

「他の係長との調整に走り回っている」

……などなど、いろいろな感想をお持ちでしょう。人によっては、「あのように大変な係長には、なりたくない！」と考えているかもしれません。

しかし、それでもあえて言いましょう。**「係長は面白い」**と。

なぜ、そのように断言できるのか。それは、これまで私自身が一般職員から部長まで様々な経験をしてきた中で、**直接のやりがいや手応えを最も感じることができたのが係長**だったからです。

課の将来を左右するのが係長

係長の役割とは、どのようなものでしょうか。一般的には「上司である課長の補佐」「係業務の進捗管理」「部下の指導」「他の係長との調整」「住民・住民団体への対応」などが挙げられるでしょう。

これらを見て気づく方もいると思うのですが、課長の指示を受けながら、部下指導や他の係長との調整をして、最前線の現場である住民対応も行う。つまり、実質的な課の運営を担っているのが現場のリーダーである係長なのです。課の将来を左右すると言ってもよいでしょう。係長がいかに大事なポストであるかがおわかりいただけると思います。これは、自分の経験を振り返っても当てはまります。

当時、私は保育課の担当係長として、公立保育園の運営を社会福祉法人に委託する業務に従事していました。しかし、住民である保護者からは反対運動が起こり、議会でも大きな問題として取り上げられていました。このため、保護者説明会の資料や保護者から寄せられる質問状への回答の作成を行う一方で、課長が議会で説明するための原稿作成などに追われる日々でした。担当係長のため、正式な部下はおらず、元保育園長の再任用職員がサポートしてくれるという体制でした。

連日残業の当時は「あ～、毎日忙しくて嫌だなあ」と思っていたのですが、後から振り返れば、この頃が一番充実していた時間でした。なぜなら、**自分の住民への対応で業務が大きく左右されますし、それが議会や上層部にも大きな影響を与える**からです。また、直に住民に対応しているため、多くの住民の「生の声」を聞くことができ、住民への対応によって、感謝の声なども直接いただけるからです。加えて、わずかでしたが、再任用職員に気持ちよく働いてもらうための工夫も学びました。

こうした仕事のやりがいを肌で感じられたのは、係長だったからこそと言えます。それは、たまたま担当していた業務が注目を浴びていたからではありません。様々な課を見ても、やはり中心となっているのは係長であることは、皆さんにもおわかりいただけるかと思います。まして、出先機関の長が係長ならば、その職場の良し悪しを決定するのは係長です。

大事な係長のマインドセット

このように一般職員や主任では味わうことができない充実感を、皆さんにもぜひ味わってほしいと思っています。

しかし、当然のことながら、係長になることは良い面だけではありません。前述した充実感を得ることは、大きな責任を負うということの裏返しでもあります。このため、そうしたリスクも理解した上で係長を行っていくことが求められます。つまり、「係長のマインドセット」がとても重要になってくるのです。その具体的内容については、この後で説明しますが、このことは係長を目指す際にも、また係長に昇任してからも、とても大事ですので忘れないでください。

POINT!

- **課の実質的な運営を担う係長には、大きなやりがいがある。**
- **係長は大きな責任感を伴うことから、マインドセットが重要となる。**

2 係長の役割を理解して、「役を演じる」ことを覚えよう

係長の役割

係長としてのやりがいを感じるためには、そもそも「係長には何が求められているのか」という係長の役割を理解することが必要です。前項でも少し触れましたが、各自治体で作成している「人材育成基本方針」などを踏まえると、係長の役割は次のように整理できます。**①上司の補佐、②係の目標設定・進捗管理、③部下の指導・育成、④他の係長・他部署との調整、⑤住民・住民団体への対応**などです。

また、「係長はどのように評価されるのか」という人事評価における評価基準も参考になります。ある自治体では、次のようなものが挙げられています。

①分析力（社会情勢等による市民要求の変化を読み、その変化に応えた仕事を実践している）

②企画力（仕事の組み立ては次のステップに進むように発展性を持たせながら、その到達点を明確にしている）

③判断力（遅れの挽回やトラブルの初動対応が即時かつ的確で、仕事を進める段取りが巧みで安定感がある）

④コミュニケーション・折衝力（理不尽な要求に対しては、時には相手（市民）に強気の対応をしながらも、どんな人も包み込む接遇を基本にしており、また部下職員に対してはこまめに声がけして小さなこともほめている）

⑤指導力（部下に仕事の動機付けをするためのヒントを与え、現場の経験を積ませ、状況に応じた具体的な個別指導を行う中で、部下職員にチャレンジさせ、また、周囲の職員のやる気を引き出している）

⑥監督力（担当（係）内の使命や方針、目標を部下に浸透させるとともに、部下に仕事を配分し課題を投げかけたときは仕事を見届け、また部下の良いところや得意なことを認めている）

はじめから完璧な係長などいない

この評価基準を見ると、「スーパー公務員」「できる係長」といった人をイメージしてしまうかもしれませんが、焦る必要はありません。完璧な係長などほとんどいませんし、みんな失敗を含めて経験を重ねながら係長を務めてきたのですから。

きっと皆さんの周りにも存在していたと思われる、反面教師にしたくなるような係長を思い出してみてください。きっと、「あの人でも係長が務まったんだから、自分だって何とかやっていける」と、思えるはずです。

最近は、はじめから「私は係長になったんだから、頑張らなければ！」と自分で自分を追い込んでしまい、結局途中で降任するケースも多いようです。そうならないように、係長昇任直後は必要以上に気負わないようにするのがよいと思います。

係長の「役を演じる」ということ

「係長の役割を果たす」ために最も大切なことをお伝えしておきましょう。

それは、係長の立場を「演じる」ということです。係長の役割を全うするためには、皆さんがどのように思うかは別にして、役所という舞台で、**係長の立場として、役を演じてもらわなければ、組織はうまく回らない**のです。

ときには、皆さんの個人的な考えとは反対の言動を余儀なくされることもあるでしょう。「こんなこと、言いたくないよ」「それは、できればやりたくないなあ」と考えることもあるかもしれません。しかし、役が割り振られた以上は、それらを果たさなければ、部下や上司は混乱してしまいます。

それは、単に上からの命令に従えということではありません。係長に昇任したということは、そのような役割を演じることを求められているのです。

POINT!

- **力みすぎる必要はないが、係長の役割を背負ったことを意識しよう。**
- **係長の役割を演じることを意識して、物事を客観視しよう。**

3 周りから「常に見られていること」を自覚しよう

何気ない一言で泣いてしまった職員

ある資料について、係長が何気なく「何だこの資料、全然なってないじゃないか」と軽く言ったところ、作成した職員がショックを受けて号泣――。「そんなつもりじゃなかったんだ」と謝っても、時すでに遅し。その様子を遠くから課長も心配そうに見ている。そんな話を聞いたことがあります。

一般職員だった頃は、周りからの目を気にしていたのに、自分が係長になると、「職員にどう見られているか」を意識しない人が多いようです。もちろん、一挙手一投足を気にしていては仕事になりませんが、**職員は係長の何気ない言動を気にしています。**

係長になったからには、「常に周りから見られている」という意識を持ちましょう。

影響力のある係長の言動

「人は無意識に権威に従う傾向がある」と言われます。

例えば、職員が提案した新規事業について、課長が「いい事業だ」と言えば、他の職員は自分で考えることなく何となく好意的に受け取り、反対に「ダメな事業だ」と言えば否定的になるというようなケースです。

係長も同様に、一般職員よりも上にいる立場ですから、その言動が無意識に職員の規範や価値観に影響を与えてしまうことがあります。冒頭のケースのように、**不用意な一言のせいで部下に不快な思いをさせたり、係内に混乱を招き、業務に支障が生じたりする**こともあります。

係長自身が安易に残業をしていたり、時間にルーズで遅刻をしてきたりといった無自覚な行動も職員に影響します。口では「遅くとも定時より一〇分前に職場に来るのは、社会人の常識だぞ」とか「時間に敏感になれ！」と新人職員に言っていても、係長自身がその言動と裏腹に二日酔いで遅刻してきては、全く説得力がありません。

部下や上司は係長のさまざまな様子を見ている

部下は、自分たちに対する直接の言動だけでなく、課内の調整をしたり、課長への説明、住民対応をしたりする姿など、係長のさまざまな様子を見ています。

「うちの係長は、職員のために頑張ってくれている」と思われれば、信頼される係長となりますが、普段は職員のご機嫌を伺い、その陰で課長に「うちの部下は全くなっていない」などと愚痴をこぼしていては、部下の信頼を大きく損ねてしまいます。そして、そんな様子は課長にも伝わってしまいます。

ただ、最初から完璧な人はいません。間違うこともあれば、不用意な言動で職員を傷つけてしまうこともある。そのときに、素直に非を認める潔さが大切なのです。

POINT!

- 部下を持つ立場として、自分の影響力の大きさを意識する。
- 信頼を得るのには時間がかかるが、失うときは一瞬。

4 「プレイングマネージャー」の役割を理解する

プレイングマネージャーが生まれた背景

最近の係長は、係業務の進捗管理や部下の指導などの係長としての職責だけを果たせばよいというものでなく、一人の職員として業務を担当しています。一般に、これをプレイングマネージャーと言いますが、これは、組織において一人の選手(プレーヤー)であると同時に、部下を指導する監督者(マネージャー)であることを指し、プロ野球などでは選手兼任監督などと言われます。

このようなプレイングマネージャーが生まれた背景として、一九九〇年代初頭のバブル経済崩壊による人件費圧縮の必要性があったと言われています。新規雇用の抑制やポスト縮小など固定費を削減するために、このようなプレイングマネージャーが生まれ、それが現在にも引き継がれているのです。今後も、人口減少などの社会状況を踏まえると、係長がプレイングマネージャーであり続けることが想定されます。このため、係長としては、それを前提に業務を行っていくことが求められます。

二つの視点をうまく使い分ける

プレイングマネージャーである係長に求められるものは、大きく2点あります。1つは、係長と職員の二つの視点をうまく使い分けることです。

想像してもらえばわかると思うのですが、係長業務ばかりに集中してしまい、係員としての担当業務が疎かになってしまえば、部下である職員に迷惑をかけてしまいますし、示しがつきません。反対に、職員としての担当業務ばかりに集中してしまい、係長業務の進捗管理や部下指導が不十分であれば、係長の職責を果たしたことにはなりません。このため、**係長業務と担当業務を並行して処理するマルチタスクを行う**ことが求められるのです。

そのための方法はいくつかあります。例えば、上手に時間を管理して二つの視点を使い分けるということも考えられます。朝会では係長として会をまとめ、その後しばらくは担当業務に集中する。そして昼前には、必ず部下の様子を確認するなど、スケジュールを決めておけば、二つの視点を忘れることなく対応することができます。また、部下指導には自分の担当業務の管理もその一つと位置付け、定期的にチェックするという方法もあるでしょう。

いずれにしても、自分の担当業務ばかりに集中してしまい、部下のことを全く顧みなければ、いずれ部下の心も離れていってしまうので、注意が必要です。

職員に手本を示して、効率的な係運営を実現する

プレイングマネージャーである係長に求められるもう1点は、担当業務で手本を示すということです。担当業務は、確かに他の職員と同じように、一つの業務に過ぎません。しかし、この業務の完成度を高くして、部下に手本を見せるのです。そうすることで、部下に間接的に指導を行い、効率的な係運営が実現できます。

例えば、係で来年度の予算要求を行うこととします。その際、事業ごとに担当者が決められ、各職員が責任を持って予算要求の根拠となるデータや資料を集めることに

なりました。こうした時、係長としてはこれまでの経験を活かし、①データの活用方法、②他自治体の動向、③要求額の計算方法、④財政課への説明内容などを示し、他の職員の参考となるような資料を作成するのです。

こうすることで、十分な経験を持たない部下であっても、係長と同じレベルの資料を作成することができ、非常に説得力ある資料を完成することができます。つまり、**優秀なプレーヤーが他のプレーヤーに模範を見せて、それを職員全体が真似することで係業務の生産性を高める**ことができるのです。

担当業務を行うにあたって、「他の職員と同じようにやっておけばよい」という意識では、せっかくの手本を示す機会をムダにしてしまいます。

POINT!

- **時間を区切って係長と職員の視点を使い分けよう。**
- **担当業務は部下に手本を示す良い機会ととらえよう。**

5 職員の「個性」をつかみ、長所を生かす

課長が部下の名前を覚えていない!

かつて、先輩から聞いた話です。ある朝、少し早めに出勤したところ、いつも早いA課長と二人きり。そこへ、隣の課のB課長がA課長を訪ねてきました。

すると、A課長はその先輩職員を呼び、「○○さん、今日の会議の資料を持ってきてくれないか」と言ったのですが、名前を間違えていたのです。そこで、慌ててB課長が「違うよ、△△さんだよ」と訂正したのですが、A課長は「あれ、そうだったっけ……」と悪びれずに一言。先輩は「自分の課の職員の名前を覚えていないなんて、あり得ない! 職員は二〇人もいないんだから」と憤慨していました。

仕事ぶりを見て、部下の個性をつかむ

部下の名前を覚えるのは当然のこととして、係長は、部下の能力を最大限発揮させるために、一人ひとりの異なる個性を把握しなければなりません。

まずは仕事ぶりに目を配りましょう。

例えば、資料作成を命ずると、早く作成するもののツメが甘いX主任と、資料は丁寧に作成するものの締切にいつも遅れるY主事では、その指導の仕方が異なります。X主任には「まだ締切まで時間はあるから、細かい点についてもう少し再検討してくれ」と伝え、Y主事には「締切日に間に合わなくては、資料の意味そのものがなくなるよ」といった助言が必要かもしれません。つまり、**仕事の成果を上げるために本人に不足している点は何か、という観点から部下の個性を読み解く**のです。

一人ひとりが強みを発揮できるように

また、部下が強みを発揮できるようにすることも、係長の大切な役目です。

説明が上手、根回しができる、法令に詳しいなど、職員は何かしらの強みを持っています。それを生かすことで、彼らのやる気をさらに高めることができます。

例えば、通常係長が務める住民向けの説明会の司会を、説明がうまい主任に任せてみます。「○○さんは説明が上手だから、ぜひ今度の説明会の司会やってみてくれないかな。きっと良い経験になると思うし、課長にも話しておくよ」と係長から伝えれば、主任のモチベーション向上にも寄与します。もちろん、**一方的な命令では反発してしまいますから、あくまで本人の承認欲求を刺激しつつ、提案する形で伝えましょう。**

こうした個性を生かすことは、その職員だけでなく、他の職員にも「係長は職員を見てくれている」という認識を持たせ、信頼につながります。

もちろん、特定の人ばかりを指名していては、周囲から「特別扱いしている」と批判されてしまいますので、配慮が必要なのは言うまでもありません。

POINT!

- **仕事に対して個性がどのように影響しているのかを考える。**
- **一人ひとりの職員の長所を発揮できる場をつくろう。**

6 PDCAサイクルを意識して改善を心がける

進行管理の基本を常に意識しよう

ＰＤＣＡサイクルとは、ＰＬＡＮ（計画）→ＤＯ（実施）→ＣＨＥＣＫ（評価）→ＡＣＴＩＯＮ（改善）の流れを言います。最後のＡＣＴＩＯＮを次のＰＬＡＮに結びつけることにより、らせんを描くように一周ごとにサイクルを向上させ、継続的な業務改善を図っていく。係長として、**係の業務を円滑に行い、より効率的・効果的に実施するために欠かせない視点**です。

例えば、異動して初めてその事務を行う場合にはその内容がよくわからなくても、一年間の流れを経験することにより、二年目には「あの時期は、業務が重なるので、早めに〇〇にとりかかろう」とか、「昨年の△△事業については、住民の参加数が少なかったので、今年は土日に開催しよう」など、見直しを行うことができます。

広い視野で仕事を見直す

係では通常、複数の事業を抱えていますが、注目されている事業や、反対に事業効果が問題視されている事業については、自ずとこのPDCAサイクルの視点を意識するようになります。

しかし、**目立たない事業や、定例的な事務などについては、この視点が欠落しがち**です。このため、一向に事務が改善されず、長年、前例踏襲で行われているということが少なくありません。担当者自身も、これまでどおり行っていれば何ら問題がないとして、こうした改善には消極的になります。特に、モチベーションが低い職員は、そうした改善に批判的で、何かと理由をつけて反対することがしばしばあります。

しかし、「〇〇さんが、改善には消極的だから、今はこのままにしておくか」と係長自身が判断してしまっては、いずれ課長などから問題点を指摘されるでしょう。

係長として、改善が必要と考えれば、他の職員などの協力を得て、係全体で見直すように働きかけを行うことが重要です。

職員自身に仕事の改善をさせる

また、年度当初に職員の事務分担を決める場合も、**単に仕事の割り振りを行うだけでなく、職員自身にその業務を説明させることで改善に結びつける**ことができます。「○○さんが今年も担当する△△については、今年は何か変更点を考えている？　昨年のアンケート結果を見ても、もう一つだったから、少し改善しなくてはね」などと声をかけ、職員自身にＰＤＣＡサイクルを意識させることも必要です。

仕事の改善には、ＰＤＣＡサイクルは不可欠です。係長自身が意識的に実施することで、部下にも浸透させましょう。

POINT!

- **あらゆる業務についてPDCAサイクルを意識する。**
- **係員自身が改善提案するように働きかける。**

7 係の「心理的安全性」を高める

風通しの悪い職場とは?

「風通しのよい職場」と聞いて、どんな職場を想像するでしょうか。漠然としていて、イメージしにくいかもしれませんが、反対に風通しの悪い職場なら、どうでしょうか。

「係長が独断専行で、係員が自由に物を言いにくい」
「職員同士のコミュニケーション不足で、一人ひとりが独自で作業している」
「他部署からの情報が入ってこない」
「課長と係長との連携がうまくいっていない」
「職員同士が気を遣って、なかなか打ち解けない」

……などなど。これらの裏返しが、風通しのよい職場と言えるでしょう。

心理的安全性が高い組織

風通しのよい職場とするためには、心理的安全性が高い組織であることが求められます。心理的安全性とは、組織の中で自分の考えや気持ちを誰に対してでも安心して発言できる状態のことです。この心理的安全性が確保されれば、職員は自由に意見を言いやすくなるので、組織のパフォーマンスも高まります。

そのためには、まず係長が独断で物事を決めるなど、強権的な係運営をしないこと。また、職員の意見に耳を傾け、話をすぐに遮らずに最後まで聞く、といったことも大切です。さらに、ブレインストーミングのように、**多くの意見が出ることを奨励し、一見ダメな意見でも即座には否定しない雰囲気をつくる**ことも必要です。

公務員はよく「減点主義」と言われるように、相手のミスを指摘することが得意です。しかし、ミスの指摘ばかりしていては、当然職員のやる気もなくなっていきます。

かつて、「あの人は石橋を叩いても渡らない」と言われる係長がいました。係員が何か提案しても、「もし、〇〇があったらどうするんだ！」と言って、決して採用することはなく、次第に部下が何も提案しなくなったのは言うまでもありません。

国や都道府県の動きなどにも敏感な職場

他部署からの情報や国や都道府県の動き、社会経済状況などについて情報交換ができることも大切です。日常業務に追われていると、こうした外の状況に疎くなりがちですが、できるだけ係長自らそうした周囲の情報に敏感になりましょう。

そして、外から得た情報は積極的に職員に伝えること。内に閉じられた組織ではなく、外に広がった組織として発展させることが成果を上げるためには重要なのです。

POINT!

- **意見を自由に言い合える職場風土は、長がつくるもの。**
- **積極的な情報交換は、必ず仕事の成果につながる。**

8 課長の仕事の「癖」をつかみ、すりあわせる

人にはそれぞれ癖がある

係長になった皆さんは、これまでたくさんの上司に仕えてきたと思います。

私も、一般職員時代を含めて、非常に多くの課長と出会ってきました。とにかく事なかれ主義でいこうとする人、係長以上に細かく、職員から煙たがられる人といった困った課長もいれば、仕事をテキパキとこなし部下よりも早く帰る人、部下の面倒見のいい人といった、今でも「あの課長と仕事ができてよかったなあ」と思う素晴らしい課長まで、本当にさまざまです。

とはいえ、係長は課長を選ぶことはできません。

ですから、結論から言えば、課長が仕事をしやすいように、課長の癖、いわば仕事のスタイルを見抜き、それに対応することが大事です。

組織上、係長は課長を補佐するのが役目です。たとえ年下であったり、入庁年次が自分より後であったりしても、課長が課の責任者である以上、**課長のやりやすいように環境を整備することが、結局は自分をラクにする近道**です。

課長と係長の連携がうまくいかない部署は、仕事が滞ったり、無駄に業務が増えたりと、かえって非効率になっていることが多いようです。

職責を全うできれば、方法は課長次第

課長の仕事のスタイルを把握するために見るべきポイントは、いろいろあります。部下指導、議会対応、住民対応、リーダーシップ、庁内調整、人脈。性格分類ではありませんが、内向的・外交的、調整型・企画型、専制的・民主的など、さまざまな人がいます。

例えば、係の仕事で何らかの問題が生じて、係長が自分では解決できず、課長に相談したとしましょう。そんなときの対応も、課長によって異なります。

例えば、A課長の場合、まずは係長から話を聴き、状況を把握してから、係長がどうしようと考えているのかを尋ねます。そのうえで、係長の考える対応策に問題がなければ、後方支援として環境を整備し、足りないところがあれば助言します。

一方、B課長の場合、状況を報告させると、「少し時間をくれ」と言って、一人で対応策を考えます。係長の考えも聴きますが、基本的にはどうすべきかを自ら考え、係長に的確な指示を出して問題の解決を図ります。

もちろん、どちらが正解ということではなく、あくまでそれは課長のスタイルの違いです。問題を解決しないのでは課長失格ですが、問題解決の方法やアプローチの仕方には課長なりのやり方があるので、唯一の正解はありません。

係長としては、**問題がきちんと解決されればよいのであって、途中の経過は課長のやり方に任せて、それに合わせることがスムーズに物事を進めるコツ**です。

最初はすり合わせが必要

初めてその課長の下で仕える場合は、まずはそうした課長のスタイルをつかむことから始めましょう。

係長は、課長の議会対応、意思決定、部下指導、住民対応など、課の重要な方向性を決定することに関係しますので、課長との非常に密な連携が求められます。**単に「課長はこんな性格だ」といった人柄だけでなく、仕事の進め方などについても、意識してつかむようにしましょう。**

当初は、なかなかかみ合わず、連携がうまくいかないこともありますが、焦る必要はありません。仕事をいくつかこなすうちに、阿吽の呼吸ができあがってくると、仕事もずっとラクになります。

POINT!

- **まずは課長の癖を見抜き、それに合わせる。**
- **連携を構築するためには、すり合わせも必要。**

9 ライン係長と一人係長（担当係長）の違いを理解する

一人係長（担当係長）とは

一口に係長と言っても、様々な種類があります。自治体によって呼称も様々です。例えば、係長級に昇任した際、すぐに部下を持つ係長になるのでなく、「主査」などとしてある係に所属することがあります。この場合、担当する業務は、一般職員や主任と同様に係業務の一部ですが、比較的高度な内容のことが多いのが一般的です。また、係長級の主査であっても、係長の指揮命令に従って業務を行うこととなります。

その後、実際に「係長」になるのですが、その場合も、部下を持つライン係長になる人もいれば、一人係長（担当係長）となる人もいます。この一人係長（担当係長）は、先の主査とは異なり、**基本的には他の係長の指揮命令に従うということはなく、担当業務については自分で決定します。**

具体例を挙げましょう。福祉係では、庶務全般と地域福祉計画に関することが所掌事務でした。その福祉係で主査として地域福祉計画を担当していた職員Aが、組織改正によって、「福祉計画担当係長」として一人係長になりました。そうすると、これまで福祉係長の指揮命令に従って地域福祉計画に関する業務を行っていたAは、自分の判断で福祉計画の業務を行うことになるのです。簡単に言えば、これまでの福祉係の業務の一部が切り取られて、担当係長の業務となったわけです。

ライン係長と一人係長（担当係長）の違い

このように、係長としては少し特殊な形態となる一人係長（担当係長）ですが、部下を持つ一般的なライン係長との違いをいくつか挙げておきましょう。

まずは、基本的に部下を持たないということです。先の例で言えば、福祉計画担当係長は一人で業務を行うことが多く、部下は基本的にいません。稀に、「○○担当係付職員」として部下が配属されることもありますが、ケースとしては少ないでしょう。

決定権限もライン係長とは異なります。先に担当係長は担当業務を自分の判断で処理できると述べました。ライン係長はその係業務について係長としての決定権限を持ちますが、担当係長の場合は、決裁にあたってはライン係長を経由するのが一般的です。これは、担当係長が基本的にスタッフ職として位置付けられるからです。

スタッフ職とは、組織における通常の指揮命令系統には属さず、ライン職に対して援助・助言を行うと位置付けられているものです。専門的な知識や経験を活かして特定の業務を担当する職種とも言われます。一般的に、係は組織規則等で列挙・明記され、これが組織における意思決定の基本となります。しかし、担当係長は処務規程等で**「課長の命を受け、担任の事務を処理する」**などと規定され、一般的な係とは異なる位置づけになっているのです。このため、先の例で言えば、福祉計画担当係長は自分の判断で業務を行えるものの、決裁では福祉係長を経由することが一般的なのです。

一人係長（担当係長）として注意すべきこと

では、一人係長（担当係長）として注意すべきこととは、どのようなことがあるでしょうか。

まずは、基本的に部下がいないために、**より厳格に進捗管理などを行うなど、責任感が求められる**ことです。文字通り、一人で業務を差配していかなくてはなりませんので、より自己管理が重要となってきます。

また、ライン係長との連携や課長とのきめ細かな意思疎通など、**他者との連携・調整がより重要**となってきます。先の意思決定過程の例でもわかるように、「一人係長だから、何でも自分で決められる」というわけではないのです。

この一人係長（担当係長）は、いずれライン係長になるための貴重な時間とも言えます。基本的に部下がいないとはいえ、れっきとした係長なのですから、いずれライン係長となった場合に、どのように行動するべきかを学べる期間と捉えたほうがよいでしょう。

POINT!

- **一人係長（担当係長）の位置づけを理解しよう。**
- **担当係長は、ライン係長になるための良い学習期間となる。**

Column 1

以心伝心

係長になると、部下への指導や上司への報告、他部署との調整など、一般職員のときよりも話す機会が多くなります。この際、「このくらいのこと、言わなくてもいいだろう」と考えて、説明や報告を省略してしまうことがあります。これは、多くの場合、「この程度のことは、わかっているはずだ」と、以心伝心を期待しているのです。

しかし、これは結構危険です。

例えば、係長が「事務は効率的に行って定時退庁」を目指していたとします。「行動を見ていれば部下もわかるはずだ」と考えていたとしても、きちんと言葉にしなければ、それがきちんと伝わるとは限りません。部下は、係長の考えとは反対に、「自分が落ち着いて仕事ができるように、面倒な事務は17時以降にじっくり行おう」と考えている可能性だってあるのです。

また、さまざまな面で、考え方は人によって異なります。普通に考えれば、組織で働く以上、周囲への気遣いは欠かせないはずです。しかし、中には上昇志向丸出しの上司、自分の実績が最優先の職員など、自分のことしか考えていない職員もいます。

そこまでいかなくても、目指すべき方向は一緒ながら、仕事のやり方が微妙に違うこともあります。「議会に説明してから、住民に公表するのか」「議会と住民に同じタイミングで公表するのか」も、他に与える影響を考えると、立場によって判断が異なることだってあります。

このため、以心伝心をあてにせず、「考え方は人それぞれ」と割り切って、念のために言葉で説明して確認することは、案外大事な作業なのです。まあ、これは、家庭でも同じかもしれませんが……。

STEP 2

一人ひとりの力を伸ばす部下指導のコツ

1 まずは組織人としてのルールを徹底させよう

部下指導に力まない

係長が一般職員と大きく異なる点は、部下を指導することです。

もちろん、一般職員の場合にも、先輩として後輩を指導することはありますが、職責として指導を行うのは、係長以上になってから。**係長には業務の一つとして、部下を指導していく責任が生じます。**

そうは言っても、あまり大上段に構える必要はありません。これまで、皆さんも係長に指導してもらってきたはずです。「あの人にもできたのだから、自分も何とかできるかなあ」と思わせる係長も、きっといるのではないでしょうか。

反対に、「係長になったからには、きっちり一般職員を指導していかなければ！」などと力んでしまうと、かえって部下も緊張してしまいます。係長になった当初は、どうしても肩に力が入ってしまうものですが、あくまで自然体を心がけましょう。

まずは最低限のルールから

部下に対して指導すべき事柄はいろいろありますが、ここでは組織人としての最低限のルールである、「挨拶」と「報連相」の二点について言及したいと思います。

まず、挨拶です。「そんな当たり前のことを」と侮るなかれ。挨拶のできない職員は結構多いのです。特にベテランになればなるほど、「自分から挨拶するのは格好悪い」「挨拶は、下の者が上の者にするもの」という意識があり、挨拶しない職場が多いものです。

まずは、係長が率先して声をかけること。**言葉を気軽に交わせる職場でなければ、係内の連携もうまくいきませんし、不正が行われる温床にもなりかねません。**また、挨拶をするだけでも、係員の微妙な変化に気づいたりするものです。挨拶は、仕事に欠かせない重要なコミュニケーションツールなのです。

報連相はベテラン職員にも再認識させる

報連相（報告・連絡・相談）も組織人のルールの一つです。

新人職員に対してはきちんと指導するのはもちろんですが、案外難しいのは、ベテラン職員への指導です。仕事に慣れてくるほど、「これぐらいは、係長も知っているからいいか」と報告を省略したり、自分勝手に仕事を進めてしまったりするからです。

先輩係長から聞いた話を紹介しましょう。報連相のできないベテラン職員が、仕事を勝手に進めてしまい、事後報告になったときは、周囲にもわかるように「自分は、聞いていない！」とわざと大きな声で言って、その職員にプレッシャーを与えるそうです。周囲への影響も含め、効果は絶大だそうです。

POINT!

- 挨拶・報告・連絡・相談は組織人として必須。
- 新人・ベテランを問わず指導を欠かさない。

2 丸投げはNG! 上手な「任せ方」のコツ

意図した資料と違う!

前評判もよく、やる気十分な職員が異動してきて、間もない頃のこと。

予算要求に関する資料の作成を依頼したところ、説明が終わらないうちに、「ああ、そういう資料ならば、作ったことがあります。大丈夫です!」と一言。「ある程度の経験もあるし、大丈夫か」と安心し、締切日だけ確認して、任せてみたものの、締切直前に提出された資料は、こちらが意図したものとは、まるで違うものだった——。

これは、私が係長時代の話です。「途中で確認しなかった自分のミスだ!」と痛感しましたが、もはや手遅れ。本人も意欲に満ちて作成したにもかかわらずダメ出しされたため、その後は持ち前の積極性が影を潜めてしまったことを覚えています。

いつでもフォローできるようにしておく

この経験から私が学んだのは、部下に仕事を任せるときには、いつでもフォローできるように準備しておかなければならないということです。

もちろん、明確な指示を出すことは大前提です。そのうえで、何か途中で問題が起こったり、どこかの時点で**「この仕事は、私にはできません」と音を上げられたりしたときでも、係が致命的な状況にならないようにしておく**必要があります。

とはいえ、すべての業務を細かくチェックしていては、体がいくつあっても足りません。例えば、部下が起案した文書や事務について、一言一句を修正したり、些細な作業一つひとつに報告を求めたりする、などです。

これでは、部下も「だったら、係長が全部自分でやってくださいよ！」と言いたくなってしまいます。裁量を持たせずに、すべてを細かくチェックしていたら、職員も四六時中監視されているようで、モチベーションが低下します。

そのさじ加減が難しいのですが、私は**「締切前に修正に対応できるタイミングで中**

間報告をする」「小さなことでも問題が生じたときは相談する」という二点を部下に徹底させていました。そして、なかなか報告に来ない場合には、上司の側から、折を見て、「あの仕事は、今どんな状況なの?」と尋ね、進捗状況を確認するのです。

「任せる」と「丸投げ」は違う

ある先輩に聞いた話ですが、課長への説明資料で大きな間違いがあったそうです。その際、課長へ説明していたのは係長だったのですが、「この資料を作成したのは○○君です」とあえて係員の名前を挙げたと言います。

つまり、言外に「彼が作成した資料だから、私に落ち度はありません」とアピールしていたそうですが、これでは丸投げ。同席していた先輩は、「係長が確認したんだから、最終的には係長の責任だろ!」と憤慨していましたが、まさにそのとおりです。

ときには一から教えることも

一般職員(先輩)が後輩に教える場合と、係長が係員に教える場合では、指導の視点が異なります。

私が新人の頃、係長に一から教えてもらったことで今でも覚えているのは、**与えられた事務の背景にある理由・根拠に関すること**です。

例えば、「この起案文書は、起案理由と合議先の部署をここに記載して必要文書を添付すれば、文書はできる。ただ、この文書を起案する理由は、生活保護法の○条に根拠があるから、きちんと確認しておいて」とか、「課長に説明するときは、まず結論から話すこと。経過とか理由から話していたら、忙しい課長は怒るぞ！」などです。

主任や前任者の立場であれば、単に事務の流れについて教えるだけでもかまいませんが、**係長が一から教える場合には、部下のレベルアップを見据えた指導が求められる**のです。

POINT!

- **進捗状況を適宜確認して、フォローできる体制を整えておく。**
- **部下の成長のために、仕事を任せ、教えることを忘れずに。**

3 あえて正解は教えず、本人に気づかせる

大雑把な指示を出して様子を見る

皆さんにも思い当たる節があると思うのですが、自分自身で考え、取り組んだ課題や仕事ほど、実力に結びつきます。

係長として、部下を指導する際も、細かい指示を出し、アウトプットの形をお膳立てするだけでなく、ときには、「今度異動してきた課長に、うちの係の事業を説明するから、資料を作っておいて」などの**ざっくりした指示で、その部下がどこまでできるかを見守る**ことも大切です。

それによって、指示された部下は、これまでどのような資料で新しい課長に説明し

てきたかを調べたり、過去の資料では足りないものを新たに作成したり、いろいろと考えることになるからです。

あえて正解は教えず、本人に気づかせる

指示後、部下が作成資料を手に説明しにきたときは、一つひとつの資料の良し悪しを伝えることも必要ですが、本人に考えさせるような質問を投げてみましょう。

「この資料①は全部で一〇枚もあるけど、課長はこれを全部読むかな?」

「全部同じフォントで作成してるけど、初めて見た人にすぐポイントが伝わるかな?」

「この資料で、うちの係の事業を全部説明したと言える?」

などの質問です。これを質問ではなく、「この資料は一枚にまとめて」「重要な箇所は、ゴシック体に変更して」「〇〇事業の資料がないから、作って」と指示して、**正解をすべて教えてしまっては、自分で考える余地はなくなってしまいます。**

「係長に言われたことだけやっていればいい」と思考停止に陥ってしまっては、部下は成長せず、いつまで経っても逐一指示が必要になってしまいます。

また、本人に気づかせるために、あえて課題を放置しておく場合もあります。

「締切がまだ先だから」と言って、課題に着手していなかった職員が、締切間際になって他の案件を複数抱えてしまったことがありました。結局、他の職員にも手伝ってもらうことになり、周囲に迷惑をかけてしまうことになったのです。

係長だった私は、「きっと後で苦しむだろうなあ」と早いうちにわかっていたのですが、あえて何も言いませんでした（もちろん、遅れた場合にはフォローする覚悟を持ってのことです）。余裕があるときは、定時で帰っていたのに、締切直前になって残業続き。しかも、他の係員にも迷惑をかけてしまったので、本人は恐縮至極です。

それでも、こうした失敗を経験することで、仕事の段取りを覚えていったのです。

これを「あの仕事を早目にやっておいて」と言えば、残業することはなかったと思いますが、本人が段取りを身につけたかは疑問です。「この超過勤務手当は、本当は必要なかったんだぞ」と本人には言いましたが。

POINT!

- **正解をすぐに伝えるのでなく、質問して引き出す。**
- **大切なのは、自ら問題に気づかせ、変化を促すこと。**

4 研修・庁内公募・人事交流は成長のチャンス

研修に参加させたら必ず報告させる

係長として、部下には、できるだけ多くの経験をさせたいものです。

一人当たりの仕事量が増えている現在、研修などに参加させると職員体制が手薄となるため、職員の研修参加等にあまり積極的ではない係長もいるようです。しかし、職員が希望しているにもかかわらず、手を挙げられない職場では雰囲気も沈滞し、士気も下がってしまうため、結局は係運営としてもマイナスになります。職員が通常の業務をろくにせずに研修ばかりに参加する、いわゆる「研修マニア」になっては困りますが、研修等に参加しやすい職場環境をつくることは、とても大事です。

多くの経験といっても、その手法はさまざまです。一般的には、研修や講演会などがあります。庁内の研修だけでなく、市町村アカデミー（ＪＡＭＰ）、全国市町村国際文化研修所（ＪＩＡＭ）や民間企業が実施する講演会や有料の研修などもあります。

研修等に参加させた場合には、出席して終わりではなく、簡単でもよいので必ず報告させましょう。それにより、参加しても居眠りしてしまったなどという事態も防げますし、他の職員にも成果を還元できます。

かつて、私も全国の自治体職員が集まる研修に一週間参加したことがありますが、いろいろな自治体の実情がわかり、とても勉強になった記憶があります。「一般会計の予算規模はどのくらいですか？」といきなり質問されて答えられず、恥ずかしい思いもしましたが、大いに刺激を受けました。

視野・人脈を広げる後押しを

また、課内のプロジェクトチーム（ＰＴ）への参加や、庁内で募集される選挙事務、市民まつり、国勢調査など各種の手伝いなどにも、積極的に参加させましょう。

これは、単に自分の所属している課の業務だけにとどまらず、**広い視野を持つこと**

ができ、庁内の人脈を広げる機会になるため、長期的な視点から見ても有益です。

最近の職員は、こうした事務に従事するのを嫌がる傾向があるのですが、係長が積極的に後押ししていろいろな経験をさせるとよいでしょう。

また、他市、県や国への派遣など、人事交流の機会が庁内で公募されることがあると思います。こうした人事交流は年齢制限が定められていることが多く、一定の年齢以上だと参加できないことがありますので、若いうちに積極的に参加させることをお勧めします。やはり、大きく視野が広がり、後の役所人生に必ず役に立つからです。

さらに、コロナ禍での保健所への応援業務や、能登半島地震などの被災地派遣という機会もあります。自分自身も、阪神・淡路大震災後に神戸市に一週間手伝いにいったことがありますが、これも忘れられない経験となり、視野が広がるきっかけとなりました。

積極的に役目を与える

日常的な業務でも、部下に多くの経験を積ませる機会は、いくらでもあります。

係会や住民説明会などの司会、研修講師、新人職員の指導役、他部署との調整など、探してみればたくさんあります。

「部下に任せるより、自分でやったほうが早い」と話す係長が多いのも事実ですが、それでは部下は育ちません。多少時間がかかっても、経験の機会を積極的に提供し、部下の成長を見守ることも、係長の役割なのです。

そもそも、**部下の成長は、係長にとってメリットしかありません。**「成長させた」という実績として評価されることはもちろん、今まで自分が行うしかなかった仕事を部下に安心して任せられるようになれば、係長の仕事はぐっとラクになります。

ときには、任せた職員が失敗してしまうこともあるでしょう。しかし、**係長が責任を負える範囲であれば、どんどん失敗させてかまわない**のです。係長が課長や周囲の職員に頭を下げることで済むのならば、経験を積ませましょう。失敗こそが成長の糧になる。係長になる以前、皆さんも失敗を通じて学んできたはずです。

POINT!

- **研修に参加させたら、その成果を係で共有する。**
- **部下のレベルアップが、係長の仕事をラクにしてくれる。**

5 ときにほめて伸ばし、ときに叱って注意を促す

ほめてやる気を伸ばす

ある自治体の主要なポストにいる課長が、こんな話をしてくれたことがあります。「主任時代、直属の課長が非常に厳しい人で、本当にいろいろな仕事をやらされたんだ。ただ、どうにかこうにか成し遂げると、課長が『すごいじゃないか！』とそのたびにほめてくれてね。それがうれしくて、気がついたら自分もあんな課長になりたいと思って、管理職試験を受験していたよ」と。

見え透いたものはだめですが、**「ほめる↓職員のやる気UP↓成果を出す↓ほめる↓さらに職員のやる気UP」という好循環を生み出す**と、職員は大きく成長できます。

人前でほめることの効用

ほめ方にもいろいろありますが、特に他の係員の前でほめることは、効果的です。

「この資料は、わかりやすいね」

「先ほどの説明会での司会はうまかった」

「急いで対応してくれて、助かったよ」

など、些細なことでもきちんと思ったことを伝えることが大事です。

人前でほめると、それを周囲で聞いている職員の士気にも影響します。「自分も頑張ろう」「係長はきちんと評価してくれる人だ」という気持ちにさせます。

もちろん、あえて人前を避けてほめるような場合もあります。

以前、係会で研修報告を行った新人職員がいました。話し方が少しダラダラした感じだったので、途中で主査が「報告はもっと簡潔にするものだ」と注意して、中途半端に終わってしまいましたが、本人が真摯に取り組んだことはよくわかりました。そこで、係会終了後、彼を呼び出し、「主査はああ言っていたけれど、真面目に取り組んだことがわかる、なかなか良い報告だったよ」と伝えたことがありました。それが原因かはわかりませんが、その後、本人は積極的に業務に取り組むようになりました。

具体的な内容を挙げて叱る

ほめるのとは反対に、ときには叱って部下を育てることもあります。

もちろん感情的になったり、自分が気に入らないからといって闇雲に怒ったりするのは論外です。叱る場合には、ほめるとき以上に気遣いが求められます。

ただ、**「何やっているんだ！」「これでは、全然ダメだ！」などの漠然とした言い方ではなく、ミスや失敗を具体的に示します。人格を否定するような発言はＮＧです。**

「前回、この文章を訂正するように言ったのに、直っていないよね」

「住民に対して、『私はこの部署に異動してきたばかりなので、わかりません』なんて言ったらだめだ。住民には、そんなことは関係ないんだから」

「電話に出るときは、必ず所属と名前を言うこと」

などのように、具体的に何が問題なのかを伝えます。

部下の初歩的ミスに苛立つこともあるでしょう。しかし、**感情を表に出してしまうと、部下が委縮して指導の意図が伝わらない可能性がある**ので、注意が必要です。

個人だけの責任にせず、係員全体に注意を促す

一人の失敗を個人の落ち度で済ませず、係全体の注意喚起を促すことも有益です。

ある職員が、議会に出す資料の中の数値を間違えたことがあります。しかも、一度だけでなく、出し直した二度目の資料も間違えており、説明当日、資料を差し替え、課長が頭を下げて議員に謝罪したのです。当然、課長からは厳しい叱責が係長にありました。係長も平謝りでしたが、その数値はかなり複雑な計算をしなければならず、係長もダブルチェックの確認をしませんでした。そこで、その係長は単にその職員を叱るのではなく、「こうしたミスは、私も含め係全体で確認しなかったことが原因だ」と係全体に注意を促し、その後は複数の職員によるチェック体制を確立させたのです。

POINT!

- ほめられる喜びが、部下のさらなる成長を促す。
- 一つのミスを係全体への注意喚起とし、改善につなげよう。

6 部下のストレスサインを見逃さない

業務が集中してしまうとき

財政課の職員から聞いた話です。

予算編成の時期は残業続きで、庁内に宿泊して家に帰れない職員や、その時期になると必ず顔にブツブツができてしまう職員もいるといいます。

ただ、直属の係長は、できるだけメリハリをつけるよう、自ら率先して「〇日と〇日は残業せず、帰ろう！」と職員に伝えて、実際に執務室の電気を消して、職員を帰すのだそうです。

「職員が倒れてしまってからでは、遅い」というのがその係長の口癖だそうです。確かに、係長が部下を酷使して、潰してしまったら元も子もありません。どうしても業務が集中し、係全体が疲弊してしまうときは、部下にストレスが溜まっていないか、係員のストレスサインを見逃さないようにしましょう。

孤立してしまう職員がいるとき

また、最近の新人には、周囲とうまくコミュニケーションがとれず、自分の殻に閉じこもってしまうタイプが多いようです。

ある課長に聞いた話ですが、ある職員が突然、「課長にご相談があるのですが」と言い、係内でうまくいっていないことを訴えたそうです。その後、課長が係長に確認したところ、係長は相談を受けておらず、普段も特に周囲とトラブルを起こすわけでなく、問題はないように見えたといいます。係長自身に思い当たることもなく、「何で課長のところに相談に行ったんだろう」と不思議に感じたとのことでした。

このように、一見何ら問題がないようでも、実は悩みを抱えている職員も少なくありません。「最近、どう?」の一言が、打ち明けてもらえるきっかけになることもあります。係長には、**係員の細かな変化を察知する力が求められる**のです。

係内に問題職員がいるとき

一人の問題職員の存在が周囲のモチベーションを下げていたり、ストレス要因になっていたりする場合もあります。こうしたときは、周囲の職員のストレスをできるだけ軽くするためにも、さまざまな方策を立てなければなりません。

事務分担を変更したり、職員体制を変えてみたりと、できることには限りがありますが、なるべく周囲の職員に負荷をかけないように対応することが求められます。また、場合によっては、愚痴を聞いたり、なだめたりすることも必要です。

とはいえ、あまり、一方の肩を持つと、反対に問題職員から苦情が出たりもしますので、そうした点にも注意していく必要があります。

POINT!

●係員がストレスを抱え込まないよう、早期発見・早期対応を心がける。

●係員同士のコミュニケーションがとれているか気を配ろう。

7 再任用の元上司・会計年度任用職員への接し方

困った元上司の再任用職員

地方公務員法の改正により、定年が65歳となりました。また、役職定年制の導入により、管理職も役職定年年齢（基本60歳）を過ぎてからは、原則として管理職ではなくなり、一般職員として勤務します。これまでも、係長で60歳の定年を迎えた職員が主任などとなって係に配属されることがありましたが、今後はこれまで以上に、係内に昔の上司や先輩が配置されることが一般的になってきます。

そうした職場の係長としては、なかなかやりにくい面もあると思うのですが、これも係長として毅然と対応することが求められます。例えば、自分の部下として、元係長の再任用職員の主任がいたとします。新人職員に対して、「昔は、こうだった」などと言って、自分の存在をアピールします。しかし、口は出す一方で、「自分は係長ではないから」と責任はとりません。ひどい場合には、「係長よりも自分のほうが熟知しているから」と言って、係長を飛び越して物事を決めようとしたり、係長の存在をないがしろにしたり。

こうした再任用職員は、組織人としての分別をわきまえておらず、係長にとって扱いに困る存在です。しかし、放置するわけにはいきません。きちんと問題点を指摘し、改善するよう指導することはもちろん、若い職員にも悪影響を与えないように配慮する必要があります。

係長の存在を認識させる

このような職員には、まず係長の存在をきちんと認識させてください。

係長を飛び越して物事を決定するようなタイプであれば、**「この内容を決定するのであれば、きちんと自分に話を通してくれなくては困るよ」とか「勝手に決めてもらっては困るよ」のように、きちんと相手に自分の立場を伝えます。**

また、自己流の方法を後輩職員に押し付けようとするのであれば、「それは、役所全体のルールではないですよね」などと、やんわりと注意することとなります。

ただ、これまで長い間、係長として活躍してきた職員が、いきなり主任として働かなくてはいけないということは、心情的には複雑でしょう。心の中では、いろいろ葛藤する面もあるはずですので、そうした心情を配慮することも大事です。

会計年度任用職員を戦力にする

また、係長にとっては会計年度任用職員を戦力にすることも重要な役割です。会計年度任用職員は位置づけとしては、正規職員と同様に一般職です。しかし、限られた短い期間の勤務であることやパートタイムであることも多いことから、臨時的・補助的な位置づけと認識されていることがほとんどでしょう。

しかし、職員数が限られている現在では、会計年度任用職員を一人前の戦力にすることは係の運営にとっても、極めて重要な事項です。

このため、係長としては正規職員と同様に接することはもちろんのこと、内容によっては正規職員の部下以上に、より丁寧に業務の説明などをすることが求められます。

係長自身が「会計年度任用職員だから……」といって正規職員とは明らかに異なる態度を取ったり、業務の目的なども示さないで単に補助的・定例的業務ばかり従事させていたりしたら、会計年度任用職員のモチベーションも高まりません。

やる気のある会計年度任用職員は、働かない正規職員よりもずっと有難い存在です。戦力として育成できるのか、正規職員の下請けのような存在にしてしまうのかは、係長次第なのです。

POINT!

- 職責を無視した言動は放置せず、きちんと間違いを指摘する。
- 会計年度任用職員のモチベーションを上げることを意識する。

8 「問題職員」が係にいるときの対応

問題職員の対処のポイント

何回注意しても遅刻を繰り返したり、指示しても仕事をしなかったり。いわゆる問題職員を部下に持つと、係長は大きなストレスを抱えることになります。こうした問題職員を抱えたときの対処のポイントについて、まとめてみましょう。

まずは、**服務上の問題になるか否か**、という点です。

無断欠勤を繰り返したり、上司の指示に従わなかったり、明らかに法に抵触する場合は、課長や人事課などに相談して、しかるべき対応をとることができ、処分につながると思います。

次に、**本人が業務に支障を来している認識を持っているか**です。

例えば、自分に非があると認識している場合として、介護のストレスから毎日深酒してしまい、業務に影響しているケースがあります。こうした職員には、カウンセリングや産業医との面談などを勧めます。

また、本人が意識していない場合として、大人の発達障害を抱えているケースもあります。本人としては自分なりに一所懸命にやっているのですが、成果が伴わず、他の係員との間で問題を起こすこともあります。こうした場合は、周囲の係員への配慮もしなければなりません。

なるべく客観的に問題を把握し、課長に相談

また、**その職員の問題となる行動が、どの程度、業務や他の職員に影響を与えているのか**にも注意が必要です。できるだけ感情を抑え、自分一人の勝手な思い込みや判断にならないよう、客観的に、かつ正確に事実を把握します。

例えば、無断欠勤は何日あったのか、指示に従わないことは何回あったのか、他の職員とどのようなトラブルがあったのか、などの事実を集めます。また、他の職員な

どにもヒアリングを行い、どのような問題があったのか、トラブルの内容などについても確認します。

これは、注意などに対し本人が苦情を言ってきた際の反証資料の側面もありますが、係長自身ができるだけ客観的に判断するための作業ともいえます。そして、これらをふまえて課長に相談します。法令等に触れるような場合は処分となりますが、その他の場合でも異動させたり、課長から注意をしてくれたりするはずです。

どうしようもなければ見切る

しかしながら、実態としては、処分にも至らず、注意しても直らず、すぐに異動させることもできない、というケースが多いと思います。こうした場合は、残念ながらその問題職員を抱えたまま、係運営をしていかねばなりません。

具体的な対処法はなく、ただ台風が過ぎ去るのを待つように、次の異動時期までじっと待つしかありません。案外、そうした問題職員を抱える職場は多く、人事課なども理解しているようです。

係長としては、ある程度見切りをつけて対応することも必要です。もちろん、だからと言ってその職員の人格を否定したり、パワハラに及んだりするのは問題です。それでは、かえって係長自身が訴えられてしまいます。

係長になる前に、複数の部署を経験してきた皆さんであればご存知のとおり、組織は、いつもベストメンバーで構成されるわけではありません。「こんなこともあるさ」と割り切って、**「この経験が、係長としての幅を広げてくれる」**と前向きに解釈するのが得策です。

また、もし後輩が同じような状況になったときに、完璧なアドバイスはできなくとも、経験者として共感してあげることはできます。それだけでも、問題職員と過ごした経験は、決してムダにはならないのです。

POINT!

- 事実を冷静かつ正確に捉え、でき得る対応策を考える。
- ときには「これも経験だ」と前向きに解釈することも必要。

9 若手＝「Z世代」と括らず、1on1で相手を理解する

職員の本音は外からだけではわからない

部下から「係長、ちょっとご相談があるのですが……」と一言。会議室で一対一で話を聞いてみると、他の職員とうまくコミュニケーションがとれないとの切実な訴えがありました。普段はおとなしく、真面目にコツコツと取り組むタイプで、特に周囲とのトラブルはないように見えただけに、正直意外に思いました。「毎日顔を合わせていても、やはり一対一でないと本音はわからないなあ」と痛感した出来事でした。

その他にも、家庭の問題や心の病気について、あるいは思わぬ恋愛関係など、これまで部下からいろいろな相談を持ちかけられました。こうした場合には、できるだけ

一対一で向かい合える環境でじっくりと話し合うことが大切です。

上司と部下が一対一で行う面談のことを、1on1ミーティングと言います。

1on1のポイント

1on1では、相手の本音を引き出せるように、人に話を聞かれない会議室を使ったり、場合によっては食事に誘ったりするなど、話しやすい環境に配慮しましょう。

そして、**途中で口を挟まずに、じっくりと部下の訴えに耳を傾けます**。相談内容によっては「何、甘いこと言ってるんだ」と言いたくなることもあるかもしれませんが、ぐっと堪えて、耳を傾けてください。話を遮って、「私も昔……」と長々と係長が自分の話ばかりしていては、部下は辟易して、話す気を失ってしまいます。

また、「最近のZ世代は……」のようにステレオタイプ思考、つまり先入観や固定概念だけで一括りにしてしまう考え方に陥る人がいますが、これもNGです。

なお、心身の病気や退職の相談など重要な問題は、**上司である課長などにどこまで話してよいか相談者に確認**します。部下は、あくまで係長に相談したことでも、最終的には人事権を持つ役職者の判断が必要になることも少なくないからです。

相談内容は本人の問題でも、来年度の人事や組織全体に影響することもあります。課長を補佐するという立場を忘れず、必要な情報は課長に伝えるのも大切なことです。

「忙しい」バリアをつくらない

部下の立場で言えば、話しづらい係長には、相談する気持ちにはなりません。いつも「忙しい」バリアをつくっていては、諦められてしまいます。

また、厄介な問題やトラブルを避けて、部下に押し付けてしまう係長では、職員の信頼を得ることはできません。窓口で揉めごとがあり、職員の対応では埒が明かないような場合は、係長が出ていって、事態を収拾させる必要があります。**「いざというときは、係長がフォローしてくれる」という安心感を与える**ことが大切なのです。

POINT!

- **相談されたときは、1on1で本音を引き出す。**
- **普段から話しかけやすい雰囲気をつくることを忘れずに。**

Column 2

反面教師の係長

逆接的な内容かもしれませんが、部下の心をつかむことは難しくても、「こうすれば、部下から嫌われることは必至」という技（?）はいくつか存在します。

これは決して嫌味ではなく、これまで出会ってきた多くの反面教師の係長の顔を思い浮かべると、自然とキーボードを叩いてしまうのです（十分嫌味かも…）。

まずは、典型的イエスマン、もしくは権威を振り回すタイプ。課長や部長が言ったことを理由にして、部下を押さえ付けようとするのです。自分で考えることはしないので、本人はいたってラクなのでしょうが、部下にとっては迷惑極まりない存在です。

「課長が言ったから」「部長がそう言うのだから、やらなくては」が口癖。上にいい顔をして、一方的に部下に仕事をさせるのです。特に困るのは、その課長や部長が何気なく言った思いつきまで、部下にやらせること。正に迷惑千万です。

次に、部下に厳しく、自分に甘いタイプ。人の上に立つのだから、部下に配慮してこそ係長と思うのですが、言うことはエラそうなのに、自分は時間にルーズだったり、仕事が中途半端だったりと、こちらも扱いに困ります。このタイプの係長は結構多く、出会う度に「この方の家族は大変だろうなあ」と私生活を案じてしまいます。

そして、そもそも係長としての仕事ができないタイプ。根回しはできない、段取りも悪い、調整もできない。「このような人間を係長にしたのは誰だ！」と部下は叫ぶしかないのです……とほほ。

STEP 3

チーム力を最大限発揮するリーダーシップの極意

1 「強制力の行使」には要注意

民主的に決めようとするけれど…

係長は、行政組織の最小単位である係の長です。現場の指揮官として、組織を動かしていかなければなりません。

最近は、剛腕で自分勝手に物事を決めてしまう係長がいなくなった反面、何でも「係員の意見を聞いて決めよう」という、いかにも民主的に見える係長が増えたように感じます。しかし、必ずしもうまくはいっていないようです。確かに**部下の話に耳を傾けることは大切ですが、最終的に係を統率するのは係長**です。

係長がとるべきリーダーシップについて、考えてみましょう。

権力を振り回して、部下に強制しない

まず、係長が自らの権力を振りかざし、**部下に強制して何かをやらせようとするのは、できるだけ避けるべき**です。誰でも自分で納得できていなかったり、いきなり頭ごなしに命令されたりしたら、決して良い気分はしないものです。

同じ資料作成を命じるにしても、「この資料を明日までにやっておけ」と言うのか、「ちょっと急で申し訳ないんだけれど、この資料を明日までに作成してもらえないかな？」と伝えるのかでは、受け手の印象は大きく違います。

前者の発言では、部下は断りづらいでしょう。しかし、後者であれば、「係長、実は急ぎの仕事がありまして、ちょっと厳しいのですが……」と返答しやすくなります。

係長が「彼は今、暇なはずだ」と思っていても、必ずしもそうとは限りません。なるべく、部下の立場になって考えることが大事なのは、言うまでもありません。

「係長の命令を断るなんて自分を軽んじている」などと考える人はあまりいないと思いますが、「強制しても人はなかなか動かない」と考えておいたほうが賢明です。部下に強制するのは、最後の最後の手段。なるべく使わないほうがよいでしょう。

仕事を強制するときもある

ときには、どうしても強制せざるを得ない事態に直面することもあります。職員が露骨なわがままを言ったり、係長の存在を否定する態度をとったりする場合です。

自分に負担がかからないように、他の職員に仕事が行くように仕向ける不届きな部下もいます。そんなときは、**「これは君の仕事だから」とはっきりと指示**しましょう。

ここで係長が引いてしまうと、他の職員から不満が出ますし、結局は本人のためにもなりません。いわゆる問題職員と対峙するときは、係長としても覚悟を決めて対応する必要があります。ただ、このときでも、自分一人だけで物事を決めるのではなく、適宜課長や他の係長などにも相談するようにしましょう。

POINT!

- **威張るだけでは、部下は動かない。**
- **強制するのは最後の手段と捉え、課長にも相談のうえで対応する。**

2 「非」があるときは、素直に認める

係長だって間違うことはある

当然ながら、係長だって間違うことはあります。

係長は係全体を束ねる立場ですから、部下一人ひとりが抱える細かな事務まで熟知しているわけではありません。事務の詳細については、部下のほうが詳しい場合ももちろんあります。そのため、他部署などからの問い合わせについて、係長が間違って答えてしまうこともあるでしょう。

また、例えば部下と相談し、何かを決定するような場合にも、部下のほうが正しく判断でき、情報を持たない係長が誤ってしまうこともあります（そもそも、係長がすべて

の職員以上に事務を知っているなんてことはなく、それは係長として目指すべき方向ではありません)。

こうした場合には、素直に自分の非を認めることが大事です。ここで**意地になっていても、かえって軽く見られてしまいますし、部下との間に溝をつくってしまうだけ**です。自分の意見にこだわらず、広く意見を聴いて、大局的な観点から判断するという姿勢が係長には求められるのです。

素直に謝ることで部下の信頼を取り戻す

かつて自分が担当していたことがある事務や、ある程度事情を知っているような場合、どうしても係長も口を出したくなってしまうものです。

例えば、「ああ、それ知ってるよ。以前その担当者と親しかったから……」と部下の話を遮って、自分を大きく見せようとしてしまうこともあるでしょう。しかし、実は、その後状況が変化して、当時とは様子が変わっていて、後でとんだ恥をかいてしまうようなことがあります。

自分の勘違いが明らかなら、「いやあ、もうあの頃とは違うんだね。ごめん」と素直に部下に謝りましょう。

そもそも部下も係長に完璧であることは期待していません。一回の間違いを根に持つ職員などいないと思います。

職員のほうも、**「係長も間違えることがあるんだ」と思えば、むしろ親しみを持ってくれる**かもしれません。もちろん、何回も間違えて、一向に成長しない係長では困りものですが……。

POINT!

- **間違ったときは、素直に謝る。**
- **意地を張っても、部下との間に溝が生まれるだけ。**

3 常に「成果」を念頭にコミュニケーションを図る

組織には二種類ある

一般的に、組織には二種類あるといわれています。

一つは共同体で、家族、地域社会、趣味サークルなどがその例です。自然発生的なつながりで生まれた組織であり、組織を発展拡大させることよりも、メンバーの居心地の良さが重要な組織です。

もう一つは機能体で、会社や軍隊などがその例です。特定の目的を達成するためにつくられた組織であり、メンバーの満足や親交はあくまで副次的な要素にすぎず、本来の目的は組織目標を達成することにあります。

当然ながら、役所は後者になります。しかし、最近の係長は役所の目標よりも、職員の結び付きを重視している風潮が強いように思います。

業務を遂行しないと、結局部下の心は離れていく

以前仕えた係長に、とにかく事なかれ主義を地でいくような人がいました。窓口で係員と住民がトラブルになっても、部下任せで出ていかない。課長から指示されても、ただの伝言役で、何も判断しない。すべてがこんな調子です。

その一方で、口癖は「みんな仲良くやろうよ」。思い返すと、定年が近いこともあって、とにかく大過なく六〇歳を迎えたいという思いが強かったのかもしれません。

しかし、係長としての職責を果たさないのでは、いくら「みんな仲良く」と言っても仕事はたまっていく一方で、部下の心も離れていくばかりでした。

業務の達成が組織の存在意義

仕事において、職員とのコミュニケーションがうまくいかなければ係の運営にも支

障をきたします。しかしながら、**職員との仲の良さを重視するばかり、業務の成果をないがしろにしてしまうのは本末転倒**です。実際に、係長でも課長でも、とにかく部下の心をつかむことばかりに夢中で、業務達成が二の次になっている人がいます。

例えば、締切期日が迫っているにもかかわらず、「○○さんは、今忙しいから、この業務は遅らせても仕方ない」と職員の気持ち優先で、業務が後回しでは係長失格です。

ですから、**部下とのコミュニケーションは、常に「成果」という視点がベースにならなければなりません**。また、そのことを係全体で常に共有する姿勢が必要です。

「配慮」と「迎合」は異なります。ここを間違えてしまうと、本来の係運営からずれていってしまいます。たとえ、一時「うちの係長は、部下に優しくない」と評されていたとしても、結局はそれが係を守ることにつながるのです。

POINT!

- **いくら仲が良くても、成果を上げなければ意味がない。**
- **業務達成を最優先に、部下との関係を構築する。**

4 係のモラールを高める三つのコツ

行事をイベント化する

係全体のモラールアップを図ることも、係長の重要な役割です。この方法もいろいろありますが、ここでは三点紹介しましょう。

一つは、**係全体で多大な労力を要する会議や業務をイベント化してしまう**方法です。例えば、係にとって一大行事の住民説明会があったとします。係員それぞれに役割があり、みんなが協力しないと成功はしません。また、残業も続くかもしれません。

このような状況は、ストレスがかかる一方で、係内に一体感が生まれるものです。そこで、行事終了を名目に職員の慰労イベントも立ち上げてしまいます。

つまり、「この住民説明会が終わったら、帰りにみんなで打ち上げしよう！」とか「ちょっと寄付するから、少し豪華なランチに行こう」などと提案して、説明会まで部下のやる気を出させるのです。もし、一部の職員は住民説明会の業務に関係がないような場合でも、何かしらの簡単な業務を割り振って巻き込んでしまいます。「係全体で目標に向かっている」という意識を持たせることが大切です。

職員の苦労を係全体でねぎらう

二つ目は、**一部の職員をクローズアップする**方法です。

例えば、ある職員が担当する大きな仕事を乗り切ったり、研修講師を行ったり、または昇任試験に合格したり、大きなストレスとなることを成し遂げたとき、その職員をほめて終えるのではなく、係全体で慰労するのです。

食事会を開催したり、係会の中で発表したりと、いろいろな場が考えられます。ただ、係長の「頑張ったね」の一言で済ますのではなく、係全体で受け止める機会を設けます。大々的すぎると、他の職員が不公平感を抱く場合もあるため、禁止されていなければ職場で簡単な慰労会を開催するなどでもよいでしょう。なお、昇任試験などで、係内に合格者と不合格者の両方がいるような場合には、当然配慮が求められます。

共通の敵をつくる

三つ目は、やや語弊があるかもしれませんが、**共通の敵をつくる**ことです。

例えば、毎日理不尽な苦情を突きつけてくるクレーマーを共通の敵に見立て、いかに対抗するかを一緒になって考えるのです。

敵に見立てる相手は、その他にもいろいろあるかと思いますが、理不尽なことを言ってきたときの課長や、課内にいる問題職員、嫌な部長など、使えるものは結構あります。本当にモラールアップにつながるのか、やや疑問に思われるかもしれませんが、意外に効果はあります。ぜひ試してみてください。

POINT!

- 行事をイベント化して係員をまとめる。
- 大きなことを成し遂げた職員の頑張りを係全体でねぎらう。

5 アフターコロナの部下への接し方・付き合い方

コロナがコミュニケーション方法を変えた

新型コロナウイルスの影響で、人と人とのコミュニケーション方法はずいぶん変わりました。感染防止のため、対面での会話は極力避けるように言われ、ソーシャルディスタンスが求められました。対面での会議開催は少なくなり、会議そのものが廃止されたり、オンラインミーティングなどが活用されたりするようになりました。

職場でも会話が制限されたため、直接口頭でのＯＪＴがしにくくなり、「このマニュアルを読んで、作業をして。もし、わからないことがあれば、共有フォルダ内にあるＦＡＱを見て。それでも、わからなかったらメールで質問を送って」ということもあり、今でもそうした業務スタイルは残っているようです。

できるだけ直接の会話を減らし、最大限にデジタルツールを活用することが重要になる一方、孤独感を覚えたり、ストレスを抱え込んだりする職員もいるようです。

デジタルツールの活用

こうした背景を考えると、デジタルツールを上手に活用することが重要となってきます。その一つとして、共有フォルダの活用があります。必要な情報が共有できていて、どの職員でも同じ情報にアクセスできることは安心して業務を行えることにつながります。係長としては、係内だけでなく課全体の情報共有がきちんとできているかを確認しておく必要があります。

また、最近では出張時や災害発生時などの緊急連絡に、ＬＩＮＥなどのメッセージアプリを使うこともあります。そこで係内の連絡方法をルール化しておくことが求められます。例えば、遅刻しそうな時や病気などで休暇を取らざるを得ない時は、ＬＩＮＥ等による連絡も可とするか、必ず電話連絡とするのかなども決めておいたほうが混乱することがなくなります。

話しやすい職場づくり

このようなデジタルツールの活用が盛んになってきた現在だからこそ、対面でのコミュニケーションはより重要性を増してきました。孤独感を覚える職員が増えたことや、一人っ子だったり、コロナ禍に大学時代の大半を過ごしていたり、さまざまな理由でコミュニケーションが苦手な新人や若手が多いからです。

このため、係長自ら挨拶を率先して行ったり、部下の状況を確認するために積極的に声を掛けたりすることが重要になってきています。また先に述べた、係内で自由に意見が言える心理的安全性の確保も求められます。話しやすい職場づくりは、部下一人ひとりの成果に大きく影響することを肝に銘じておく必要があります。

POINT!

- **コロナによってコミュニケーション方法が変わったことを認識する。**
- **デジタルツールを活用するとともに、話しやすい職場づくりを実現する。**

6 不祥事を生まない職場づくりのポイント

なくならない公務員の不祥事

これまでさまざまな公務員の不祥事の事例を見たり聞いたりしてきました。

「なんで、こんな人間がそもそも公務員になれたんだ?」と思わせるような個人の資質を疑うような事例から、「かなり精神的に追い詰められて、こんなことをしてしまったんだろうなあ」と何となく背景が想像できるものまで、多岐に渡ります。

こうした一部の不心得者の行為は、自治体全体にダメージを与えます。真面目に勤務している職員にも、住民などから厳しい目を向けられ、激しい言葉を投げつけられる。そして、公務員バッシングの格好の材料になってしまうのです。

組織的な問題で不祥事が起こることがある

しかし、中には個人の責任だけでなく、組織として問題があるケースもあります。報道された例に、ケースワーカーが生活保護費を着服した事件があります。

一般的に、生活保護費は受給者の金融機関口座への振込で支給されますが、居住が安定しなかったり、生活に問題があったりするような場合、現金で支給することもあります。こうした現金支給を悪用して、生活保護費を着服していたのです。ケースワーカーは一人で多くの受給者を担当するため、現金管理をケースワーカー個人に任せがちです。しかし、ここが盲点で、不祥事が起こる温床となってしまったのです。

もし、この職場の係長が「現金の管理は厳正にやろう。最低二人でチェックし合う体制にしよう」と言っていたら、着服は防げていたかもしれません。完全に防ぐことはできなくても、少なくとも、そう簡単には着服することはできなかったはずです。

「係長、支給日は忙しいんですから、そんなことやってられないですよ！」と言われるかもしれません。しかし、やはり公金の管理を一人で行わせるのには問題がありました。係長として、係員に公金を取り扱う重要性を認識させることが必要だったのです。

日頃から係員の動きを注視する

また、体制の構築の他にも、日頃から配慮することが求められます。

例えば、服務の徹底です。朝の遅刻が続いたり、必要以上に業者と親しかったりした場合には、早めに注意して事情を確認しておくべきです。また、一人で考えごとをしていることが増えた、金遣いが荒くなったなど、微妙な態度の変化にも注意が必要です。汚職防止だけでなく、メンタル面の配慮も含め、何らかの理由があるはずです。

さらに、係長自身が**「汚職は、結局は損になる」ということを日頃から係員に伝える**ことも欠かせません。少しばかりの目の前のお金のために、職業も金銭もすべてを失う。せっかく定年まで働けるのに、こんな損なことはないのです。

POINT!

- **組織体制の強化で防げる不祥事もある。**
- **日頃から職員の小さな変化を見逃さずに。**

Column 3

飲み会でいくら払うか？

一般職員の場合には、自分と同じ立場の人が周囲に複数います。しかし、係長は基本的には係に１人。それゆえ、係長特有の悩みが多く出てきます。業務面については、本書の中でいろいろと触れていますが、業務以外にもいろいろあります。

表題の「飲み会でいくら払うか」も、小さいようで大きな問題です。「そんな、つまらないことを！」と思われるかもしれませんが、結構、頭を悩ます問題なのです。

係長である皆さんならすでに経験しているように、「職員と一緒に割り勘」とはなかなかいきません（実際にそうする強者もいるようですが）。とはいえ、見栄を張っていつも大枚を置いていくなんてことも、家族のことを思ったり、さみしい財布の中を覗いたりすると、できないものです。そこで、皆さんの参考になるかどうかはわかりませんが、経験談を少々……。

まず、課長も出席するようなフォーマルな飲み会であれば、先に課長の寄付額を見てから決めます。「課長も寄付するから、俺もちょっと出すよ」と、課長の寄付額よりもやや少ない額を出せば丸く収まります。課長よりも多かったり、係長が寄付しなかったりするのも、幹事は収支報告に困ってしまうので、配慮が必要です。

問題は、係長以下だけで飲みに行くときです。その場合は、最初から会費よりも少し多めに幹事に渡します。もしくは、会計時に割り勘額よりも多めに出し、「後は、みんなで適当に割って」というのがスマートかもしれません。

ただ、そのときまで酔っぱらわないで、記憶があればの話ですが。

STEP 4

係の仕事をスムーズに回すマネジメントの基本

1 業務分担を確認し、係目標を共有する

問題ないように見えるけれど…

係長に昇任し、間もない頃のこと。部下は八人いて、会計業務を行っていました。当初は順調だったものの、日数を経ていくうちに、部下同士がお互いムダな作業をしていたり、連携がうまくいっていなかったりする場面を目にするようになりました。

そこで、係会を開いて日々の事務を確認すると、個々の職員は皆、自分の事務分担の進捗だけに気を配り、係全体という認識が欠落していたことがわかりました。職員が係の目標に無頓着で、係全体の業務に多くのムリ・ムダ・ムラが生じていたのです。

そもそも目標とは何でしょうか。

一般的には、組織全体の目標があり、その下に部別、課別、係別、そして個人の目標があるとされています。いわゆる目標をブレイクダウン（上位の目標を下位に分類・区分すること）していくのです。

このため、一職員として、まず意識するのは課の組織目標です。そして、係の目標を確認し、そのうえで係長と相談しながら、自分の目標を設定します。しかし、この目標を各職員が十分に意識して日々の業務を行っているかというと、疑問が残ります。職員が自分の目標を気にするのは、年度当初と年度末における係長との面談の時だけということも少なくありません。

その理由の一つは、行政は民間企業と異なり、明確な数値目標の設定が困難ということもあるでしょう。そのため、目標の達成度合いも、数値でなく文章で表現されることになり、曖昧になってしまうことがあるのです。さらに、給与への反映も明確とは言えず、目標管理の制度はあっても機能面に課題があることが多いのです。

ボトムアップによる係目標の確認

係長が係をまとめるために有効なのが、ブレイクダウンによる係目標の確認でなく、ボトムアップ（下からの意見をまとめて全体をまとめる）による係目標の確認です。つまり、**各人の事務分担を確認しながら、係全体で何をしなければならないかを、部下に気づかせる**方法です。例えば、係会でAさんの事務の流れを、Aさん自身に説明してもらいます。同じように、Bさん、Cさんと続けていきます。そこで、係長は係全体を見渡したうえで、作業にムリ・ムダ・ムラがないかを確認していくのです。

あくまで係長は上から指示・命令するのでなく、質問して気づかせます。

「Aさんは一五時に○○の作業をするとあるけど、Bさんはその時間で問題ないの？」

など、一人ひとりの視点に立ち、係全体が機能しているかをチェックします。

このように**職員同士が他の職員の動きを確認することで、職員の視点を他の職員に向かわせ、係全体の目標を認識させる**ことができます。事務量の偏りや事務の進め方について、目標に向けて適宜見直しを図っていきましょう。

POINT!

- **職員に自分の仕事を説明させてみる。**
- **職員に質問して係全体の動きに気づかせる。**

2 「曖昧・ざっくり」は厳禁！ 仕事の指示は明確に

そんなことは、わかっているはず…

前項と同じく、一年目の新米係長だった頃の話です。

ある日、「予算要求の資料を○日までに、作成しておいてください」と年上の職員に指示したところ、できあがった資料は散々なもの。やり直しを指示すると、「だって、そんな資料は今まで作ったこともなかったし、係長からも作り方を指示されていないし」と言われる始末。

「もうベテランなんだから、資料の作成方法ぐらいわかっているはず」と思い込んでいたための失敗でした。

基本は5W1Hを明確にする

このような思い込みによる失敗を避けるためには、「なぜ、いつ、どこで、誰が、何を、どのように」するのかといった、いわゆる5W1Hを明確に指示しましょう。

例えば、一口に「住民説明会の資料」と言っても、出席者は住民一般なのか、それとも特定の者（高齢者、保護者など）なのか。また、資料は配付するのか、映像にするのか。分量はどの程度か。事前配付か当日配付か、などの検討事項があります。

共通認識があれば細かい指示は不要ですが、そうでなければ認識を共有する必要があります。資料作成後も「係長の確認後は、課長にも確認をとって了解を得る」など、**その後のプロセスについて伝えておいたほうが、部下も仕事全体を見渡すことができます。**一定の共通認識と信頼関係ができあがっていれば、省略してもよいでしょう。

特に新人への指示には注意

注意すべきは、新人職員への指示です。

入庁したての彼らはまだ経験もなく、役所のルール・習慣もわかっていないため、最初は懇切丁寧に教える必要があります。ここで手を抜いてしまうと、組織人として身につけるべきポイントを欠落させてしまうため、特に注意を要します。細かく指示を行い、一つひとつ確認していき、一定程度のことがこなせるようになった段階で、今度は仕事を任せて自立させます。

「最近の若い職員はコミュニケーションが苦手で、周囲となかなか連携できない」と評する人もいます。その真偽のほどはわかりませんが、自分勝手に仕事を進めてしまい、周囲との間に溝をつくってしまうケースは、実際に私の職場でもありました。

まずは、少し丁寧すぎるくらいの指示を出して、様子を見守りながら、だんだんと自立できるように促しましょう。短絡的に「最近の若者は……」と一括りにして身構えてしまっては、互いに誤解や溝が生じてしまうので、注意が必要です。

POINT!

- 仕事の指示は5W1Hを意識して伝えるのが基本。
- 新人には最初は細かく指示し、その後自立させる。

3 常に「不測の事態」を念頭に置く

予期せぬ保護者からの反発

ある公立保育園を民間に移管することになったときのエピソードです。

運営体制の変更にあたり、まず保護者説明会を開催し、保護者の理解を得たうえで、その後、新入園児の保護者を対象に入園説明会を開催する予定となっていました。

しかしながら、当初の保護者説明会では、作成した資料に間違いがあったこともあり、保護者からの質問や苦情が続出。「このような不備な体制では、とても運営変更は認められない。公立保育園で行っている保育の水準を維持できるのか。〇日に予定されている入園説明会は中止してほしい」との強硬な意見まで飛び出しました。

結局、別日に再度、保護者説明会を開催し、何とか了承してもらいました。このように、日常業務においては、いつ不測の事態が起こるかわかりません。

不測の事態が起こる要因は、「人」に関わる部分にある

不測の事態には、もちろん地震などの自然災害も含まれますが、私の経験上、最も大きい要因は人に関わる部分です。

例えば、このケースのように、「保護者説明会での了承↓入園説明会の開催」という流れであれば、まずは前段の保護者説明会で了承される可能性について検討します。懸念事項が一つもなく、了承される確信を持てるのであれば、保護者説明会の翌日に入園説明会を設定しても問題はありません。しかし、**少しでも了承されない可能性があるならば、日程に余裕を持ったスケジューリングが求められます。**

庁内の部署や議会にも注意する

これは、庁内でも同様のことが言えます。

例えば、防災課が事務局となり「災害時要援護者避難計画」を策定するとします。高齢者や障害者などの福祉担当課との調整を行ったうえで素案を作成し、首長の了解を得て庁内での案をまとめ、その後、議会への報告やパブリックコメントを経て、計画を決定する流れだとしましょう。こうした場合、あらかじめ決まっている議会日程から逆算して、庁内決定の締切を設定します。関係各課との調整も、確認事項をリストアップし、会議をどの程度開催すべきか、ということも計算する必要があります。場合によっては、「この係長は一回では納得しないだろうな」と思えば、長めに日程を確保したり、事前の根回しが必要になったりするかもしれません。首長や議会に対しても、そのあたりの読みが求められますので、課長に相談する必要があります。

いざ不測の事態が起こったときに、慌てずに済むように準備しておく。これが、係の仕事をうまく回していくための基本スキルです。

POINT!

- **不測の事態は「人」に関わる部分で起こることが多い。**
- **議会日程などもふまえて逆算してスケジュールを立てる。**

4 目標までの工程を示し、全体像をつかんでもらう

担当業務以外にはなかなか目がいかない

係長昇任前の一職員のときには、係全体・課全体を見通すということはあまりないものです。自分の担当業務に集中してしまい、それ以上の幅広い視点から物事を見るということは、意識的に行わないとできないからです。

新人の場合には、なおさらです。指示された一つひとつの仕事に真面目に取り組むのですが、その反面、近視眼的になってしまい、全体像をうまく把握できません。

しかし、仕事を的確に進めていくためには、全体像を捉え、その工程を理解することが不可欠です。係長としては、日々の仕事を通じて、個々の職員に割り振られた仕

事の先にある「組織目標」の達成に向けた工程を示す必要があります。

一つの事務にもポイントはいくつかある

例えば、係長から指示されて、委託業者を選定する委員会の設置要綱を改正する起案をするとします。四月の組織改正によって、「企画課長」が「企画調整課長」に名称変更されたため、要綱を改正するのですが、起案としては難しい内容ではありません。

しかし、この作業一つをとっても、**①いつまでに起案すべきか**（四月一日施行ならば同日付で起案する、など）、**②起案後の決裁はどういう流れになるのか**（担当課→文書担当課→契約担当課、など）、**③仮に他課から異論が出た場合はどうするか**などを考慮し、いつまでに全庁的に意思決定をすべきか、などを押さえておく必要があります。

つまり、**部下に与えられた仕事は起案までだとしても、組織としては、それで終わりではありません。**すべての決裁が終わり、必要に応じてホームページへの反映や庁内周知など、一連の事務をすべて終えることが目標（ゴール）です。

このようなケースであれば、自分の課の決裁後に、文書担当課や契約担当課にも係長が新人を同行すれば、決裁の流れを実感させることにつながるでしょう。

自分で考えて事務を行えるよう習慣化させる

複数の部署が関係する場合には、特に注意が必要です。例えば、A課で起案し、B課とC課の了承を得た後、A課で住民に周知するようなケースであれば、いつまでに決裁が終わらなければならないか、十分認識しておかなければいけません。日常業務を通じて、部下自身が全体を見渡し、逆算して事務を行う癖をつけさせましょう。

「そんなことは、職員はわかっているはず」と係長が思っていても、冒頭に述べたように、自分以外の業務には、なかなか目が行き届かないもの。係長が、工程を明確化させる中で、部下自身が考えて事務を行えるように習慣づけましょう。

POINT!

●係長が作業工程を示すことで全体像を理解させる。
●逆算して事務を行う癖をつけさせる。

5 他部署等との連携は、係長の腕の見せ所

他部署等との連携ができてこそ係長

係を運営していくにあたって、他部署等との連携が重要なことは、いうまでもありません。同じ課内の別の係や、他課との調整について、係長は係の責任者としてとりまとめることとなります。係長の腕の見せ所の一つともいえるでしょう。

事前に部下に指示を出して、調整を行わせる場合もありますが、最終的に係の意思決定をするのは、あくまで係長の役割。**いったん係の方針を決めたら、たとえ何らかの問題がその後発生したとしても、その責任は係長にあります。**部下に責任を押し付けてしまっては、信頼を失ってしまいます。まずは、このことを肝に銘じましょう。

さて、まずは同じ課内における、他の係との連携です。

通常、一つの課は、庶務担当係長の他、複数の係長で構成されます。そして、多くの場合、課の中枢となる庶務担当係長は、他の係長よりもベテラン係長だったり、管理職候補者が担っていたりすることが多いのではないでしょうか。

同じ係長として、この**庶務担当係長が仕事をしやすいように補佐することが、課内がまとまるコツ**です。時折、自分の係が有利になるように、他の係からの応援を「うちは忙しくて、応援する余裕はない！」と断ったり、超過勤務手当などの予算を多く配分するように働きかけたりする係長がいます。

しかし、それでは、他の係長からも愛想を尽かされますし、課長の耳にも情報は確実に伝わり、いずれ注意されるのがオチです。部下からの信頼も得られません。

そのような「うちの係さえ良ければ！」という縄張り意識は通用しません。結局は他の係長とうまく連携することが一番の得策です。

他課との連携ができないと、仕事が滞る

他課との連携も重要です。

他課との調整を行う場合には、最終的な責任者は課長です。その課長に正式な話を持っていかなかったり、会議を開催する前に、相手方の担当係長と十分な事前調整が行われていなかったりすると、「いったい、何をやっているんだ！」と課長から叱責されるのは必至です。

また、部下（担当者）同士での事前協議を指示したものの、話がまとまらず、もめてしまう場合もあります。その場合、係長同士で話し合うことになりますが、このときに、係長が部下と同じ目線でやり合ってしまっては、係長が出ていく意味がありません。**係長同士がお互いの事情を勘案して、妥協点を見出す**ことが必要です。

「いろいろ不満もあると思うけれど、このへんで折り合おう」と難航する交渉をまとめる姿を部下に見せることも、係長に必要な姿勢なのです。

POINT!

- **同じ課内では、庶務担当係長を中心に連携を図る。**
- **相手の事情に配慮することを忘れずに。**

6 係長だから見える「ムリ・ムダ・ムラ」を見逃さない

係長だから見つけられることがある

組織のムリ・ムダ・ムラの中には、係長だからこそ見つけられるものがあります。例えば、前例踏襲で行っている事務の中にも、客観的に見るとムリが生じていることがあります。そんなときは、たとえ係長自身が異動直後であっても、**「この事務は複数体制にしたら、もっと効率よく進められると思うんだけれど、どうかな」「この日程では厳しいので、見直したらどうだろうか」**などと職員に投げかけてみましょう。

係長が改善の提案をしなければ、部下が提案することはまずありません。「部下からの提案を待つ」のではなく、「係長自ら提案して改善の風土をつくる」姿勢が求められるのです。

私が実際に経験した具体例を紹介しましょう。

あるとき、各人が同じ書類を抱えていて、執務スペースを圧迫していることに気づきました。例えば、庁内で実施される各種会議の資料を、各職員が保存しておくために個人のキャビネットがいっぱいになってしまい、いつしか机の上に書類の山ができているような様子をよく見かけたのです。

たとえ係内にその会議の出席者が複数いたとしても、必ずしも各人が資料を抱えておく必要はありません。このため、「○○連絡会の資料は共有して、このキャビネットに収納しよう」と提案して、書類の整理を行いました。これで書類の削減と同時に、係員の誰もが資料の収納場所を確認でき、情報の共有化を図ることができました。

その後、この資料はデータ化し共有フォルダ上での格納となったので、キャビネットは他の資料や書籍などを収納できました。

複数の職員が同じ作業をしている

また、部下の動きについても、係長だから発見できることがあります。

例えば、同じような作業を複数の部下が行っているならば、「○○君と△△さんは、同じ作業をしているみたいだから、確認してみて」と言えば、お互い気づくはずです。一人で作業をしている職員は、なかなか他の職員の動向に目がいかないものです。

そんなときこそ、係長が指摘することが効果的です。最近では庁内システムに、各職員のスケジュールを掲載しています。この際、「会議」「打合せ」のような簡単な表記をしていることが多いのですが、具体的な作業内容まで記載するようにすると、「誰が、何を行っているのか」が明確になり、ムリ・ムダ・ムラを避けることができます。

また、適宜係会などで、個人の予定を確認しておけば、ムダを避けることにつながりますし、また職員同士がお互いの動きを意識するようにもなります。

部下に係全体を見る目を持たせる

次は、ムリ・ムダ・ムラを部下自身が発見できるように、気づかせることです。係会などで、係長の視点からムリ・ムダ・ムラを適宜指摘して、部下に気づきを与えます。繰り返し伝えることで、部下にも係全体を捉える視点が身についていきます。

ポイントは、**決して押し付けではなく、気づかせる**こと。職員一人ひとりが「どうすれば効率的に仕事を進めることができるか」「係の仕事をスムーズに行うには」と考えるように促すことです。そして、**「効率化の工夫は、結局は自分たち自身をラクにしてくれる」**ということを職員に理解させましょう。

部下が係全体を見ることができるようになると、係長はぐっとラクになります。

余裕のある職員が、締切間際で忙しい職員のサポートをしたり、情報の共有化を図ったりと、部下自ら動き出すようになれば、係長は指示するまでもなく、その動きを見守っていれば十分。休暇も安心してとれるようになります。

部下にそこまでの認識を持たせるのは決して簡単ではありませんし、時間をかけて地道に伝え続けなければなりません。しかし、部下が次第に理解し、係が盤石な体制になったとき、係長は部下の成長を実感できると同時に、係長としてのやりがいを感じることができるのではないでしょうか。

POINT!

- **係長自ら提案して改善の風土をつくる。**
- **部下が自分でムリ・ムダ・ムラに気づけるように促す。**

7 職員の評価はあくまで「成果」を見て行う

好き嫌いがあるのは当たり前

ある程度経験を持つ係長であれば、「彼（女）には、本当にまいった」「あの職員とは、もう二度と一緒に仕事をしたくない」と思う職員が一人二人いると思います。私の経験を振り返っても、口は達者なのに全然働かない職員や、事前に連絡せずに何度も遅刻する職員など、今思い出してもイラッとしてしまう部下がいました。

一方、「また一緒に仕事をしたい」と思わせる職員もいました。仕事が早い、係長をうまく補佐してくれる、など係長としてありがたい存在です。こうした職員に出会うと、「係長になって良かったなあ」と実感するものです。

また、仕事のできる、できないではなく、「もったいぶった話し方で、何かやりにくい」など、どうしても馬が合う、合わないという相性があるのも事実です。

仕事の成果は何か、改めて考える

好き嫌いは仕方がないものの、職員の評価にあたっては、仕事の成果が基本です。例えば、係長が職員の人事評価をする場合（係長が第一次評価者、課長が第二次評価者など）には、**改めて職員の仕事の成果を振り返り、何を成し遂げたのか、もしくはできなかったのかを考えてみる**必要があります。

普段あまり目立たない職員でも、地道に課題に挑戦して係を支えていてくれたり、係の融和に努めてくれていたり。改めて職員を仕事本位で考えると、評価のポイントが明確になってきます。

今時、そんな係長はいないと思いますが、「彼とはよく一緒に昼食を取るから、高い評価にしておこう」「彼女は残業しないから、普通の評価で良い」などと、印象で判断するのは問題です。日常のコミュニケーションの中でも、係長はあくまでその職員が何を成し遂げたのか、仕事の成果を常に見る、冷静な目を持つことが必要です。

課長と評価が違うこともある

ただ、この評価も人によって異なることもあります。

例えば、係長から見れば高評価でも、課長の評価は普通ということもあります。これは、職員に接する度合いや部下に対する視点が違うからです。係長は、係のコミュニケーションの活性化に貢献したと評価する職員であっても、課長は業務に対する成果を重視して「今一つだ」と判断する場合も、当然あり得ることです。

あくまで人が人を評価するのですから、正解はありません。しかし、好き嫌いを抜きにして、あくまで自分自身の判断で、その職員の仕事の成果は何かを冷静に考えることが、部下を持つ者として必要なのです。

POINT!

- **部下の好き嫌いがあるのは、仕方がない。**
- **仕事の成果を冷静に判断して評価する。**

Column 4

あえて憎まれ役になる

いつもニコニコ明るい職場。部下はいつも仲良く、困ったことがあればみんなで助け合う。係長の言うことをよく聞き、みんな素直に指示に従う係。そんな絵に描いたような係は……、正に幻想です。

何事もなく毎日が過ぎていくというのも、ちょっとおかしい気がします。例えば、係長は起案文書の決裁をするだけで、重要なことや実務はすべて係長以外の人間で仕切っているような場合、実は汚職の温床になっていたりすることも少なくありません。公金管理、業者との関係に問題がないか、重要なところは目を光らせておく必要があります。

また、定例的な業務が繰り返される職場であれば、前例踏襲がはびこり、職員が業務改善や新事業に対して消極的になっていることがあります。毎日同じことを繰り返すだけでは、問題は起きないかもしれませんが、職員のモチベーションも下がり、職場も活性化しません。その結果、典型的な「お役所職場」ができあがってしまいます。こうなると、他から新たな提案があっても、取り組もうという意識はなく、「そんな面倒なことはいいよ」と受け付けない体質となってしまいます。

昔、仕えていた係長は、普段は部下とうまくやっているのですが、疑問があると解決するまでは、決して引かない人でした。そのことで、職員にブレインストーミングをさせ、「議論する職場」をつくっていたのかもしれません。

「本当、係長には困るよなあ」なんて当時は言っていましたが、日頃平穏な職場に、係長は時折嵐を巻き起こして、喝を入れていたのです。ときには、あえて係長が憎まれ役になることも大事なようです。

STEP 5

上司を動かすためのフォロワーシップ

1 忙しい課長の「スキマ時間」を見逃さない

部課長のスケジュールを確認しよう

若い頃、先輩から聞いた話です。その部署は部の庶務担当係で、先輩は一職員でしたが、職場にはラインの部長と課長の他、スタッフの担当課長も複数いて、管理職のスケジュール管理が大変だったそうです。

その先輩曰く、「朝、出勤したらホワイトボードで、部長・課長の一日のスケジュールを確認するんだ。そうすれば、どこに空き時間があるかわかるし、会議や来客、出張の予定など管理職の動きがわかるからね」とのこと。

まだパソコンも一般的ではなく、現在のように庁内ＬＡＮなどでスケジュール管理ができない時代のことです。先輩はあらかじめ部課長の予定のない時間を押さえておき、そこで決裁をもらいにいったり、懸案事項の説明をしたりしていたそうです。

基本的に、部課長は忙しい人たちです。

「係長、今何か問題はある？」などと、課長が自分から声をかけてくることは、まずありません。係長が課長の空いた時間を見つけ、必要な報告をするのが一般的です。

冒頭のケースのように、一日単位であれば、その日の課長のスケジュールを確認しておき、**「何も入っていない朝一番に、この案件について説明しておこう」**などと予定を組み立てることができます。

以前、ある先輩が、「とにかく、課長の空いている時間を見つけて、強引にでも説明しちゃえばいいんだよ。後で『何で、あれ報告しないんだ！』と怒られないし、とにかく言ったもん勝ちだよ」と言っていましたが、一理あるように思います。

報告は結論から

また、忙しい課長に報告する際は、まずは結論から。その後に、理由や経緯を説明する癖をつけましょう。

例えば、「昨日、A小学校の校長から電話があったんですが、給食のメニューにプリンがあったそうなんです。それで三年二組の担任教諭が、給食の時間にちょっと席を外したときに、子どもたちがふざけて、その中にいた卵アレルギーの児童に、プリンを食べさせてしまったんです。それから、慌てて……」などと、長々と経緯を説明する係長がいます。これでは課長から「だから何がどうなったんだ！　結論を言え！」と言われてしまいます。

このケースであれば、「昨日、A小学校の校長から電話があったんですが、卵アレルギーのある児童に間違ってプリンを食べさせてしまったそうです」だけで済みます。それだけ聞けば、課長は「児童の容態はどうか？」「保護者への対応は？」など必要な質問を係長に投げかけてくるでしょう。

後は係長が質問に的確に答えていけば、課長は必要な情報を整理できます。これを散文調でダラダラと説明されては、聞いている課長は、時間を浪費するうえに、情報を整理することもできません。

なお、**いくら課長が忙しいからといって、報告を怠ったり、勝手に判断したりするのは禁物**です。ときにはイヤな顔をされることもあるかもしれませんが、勇気を出して「ちょっとだけお時間よろしいですか？」と切り込んでみてください。

月単位・年単位のスケジュール管理も

また、一日単位でなく、月単位・年単位のスケジュール管理も必要です。議会日程や各種行事などをふまえ、月間・年間を通じて課長のどのあたりに余裕があるのかを把握しておけば、仕事の逆算ができます。基本的には、課長は議会の時期には、本会議や委員会だけでなく、議員からも呼び出されることが多くなるため、注意が必要です。

また、空いているからといって、どんどんスケジュールを入れるといった、やりすぎは禁物。課長から「空いている時間だからといって、何でも予定入れやがって！」と怒られないように。

POINT!

- **課長のスケジュールを確認して、空き時間を見つける。**
- **忙しい課長には、結論→理由・経緯の順で伝える。**

2 課長の視点に立ち、積極的にフォローする

課長の視点に立ち、課長をフォローする

係長は、自分の係の成果だけでなく、課全体の動きにも目を配る必要があります。「課の動きなんか関係ない。自分の係さえよければ、それでいい」——そんな係長はいないと思いますが、課全体の状況を把握していないと、業務に支障をきたします。

例えば、隣の係で問題が発生したり、住民や議会から追及を受けていたりすれば、当然対応が求められます。それは、係長からすれば「隣の係の話」かもしれませんが、課長がそのことに時間をとられている以上、いずれ自分の係にも影響が及びます。「自分の係には関係ない」で済ますのではなく、課長の視点に立ち、積極的に課長を

フォローすることが、結果的には自分の係にとっても得策なのです。

課長では気がつかないことを伝える

具体的なフォローの内容は、課長が困っていることを助けたり、気づいていない点を伝えたり、不在時に課長の代理となったりと、いろいろなものが想定できます。

中でも、効果的なのは、係長が積極的に情報を伝達することです。

例えば、係長は課長よりも職員の変化を察知しやすい環境にあります。

「最近、口数が少なくなってきた」「遅刻が増えてきた」「借金の取り立ての電話を受けているようだ」など、**微妙な変化であっても、「これは一言伝えておいたほうがいいな」と思ったことは、早目に伝えておくと、大事に至らずに済む**可能性があります。

また、窓口や電話での住民からの声も、課長の耳に入れておくべき情報の一つです。

「○○事業について、A町会の会長から『うちの町会がその事業の対象となるのは、いつだ？』との問い合わせがありましたので、もしかしたら会長は気にしているのかもしれません」と一言伝えておくだけでもよいのです。その町会長から、地元の議員につながり、議員から課長に質問されることなども、よくある出来事です。

なお、当然ながら、係長がつかんだ情報すべてを課長に伝えていては、課長も困ってしまいます。そこで、**「課長に何を伝えておいたほうがよいのか」を考え、厳選する**必要があります。課長は、課の意思決定をしなければなりません。そのための判断材料として、課長が持ちうる情報だけで十分であれば問題ないのですが、それだけでは不十分な場合もあります。

住民や部下に関する情報などは、課長自身がなかなか知り得なくても、課の意思決定をするために、非常に重要な材料です。そこをフォローするのが、係長の役目なのです。

会議の代理出席

忙しい課長の出番を減らすということも大事です。

課長になると、繁忙期には、一日だけで会議が五、六件入っている、なんてこともよくあります。しかし、会議の中には、本当に課長が出席して意見を述べなければならないものもあれば、形だけの出席というものもあります。

「課長に余計な負担をかけない」という観点からは、何も全部の会議に課長を出席させる必要はありません。

内容面で支障がなく、代理可であれば、「課長、この会議は代理出席でもかまわないというので、私が出席しましょうか？」と尋ねることも一つの方法です。

もちろん、本来課長が出席すべきものですから、あくまでその出欠の判断は課長がすべきものですが、実際にはこうして課長の負担を軽くすることで、課全体が円滑に運営できるケースは少なくありません。


POINT!

- 課長の意思決定に役立つ有益な情報を提供する。
- 課長にすべてを伝えるのではなく、事前にしっかり厳選しておく。

3 丸投げはせず、自分の案を持って相談する

丸投げ相談は最悪

ある課長と係長の会話です。

「課長、実はこの前、ある保護者が怒鳴り込んできて、現在の学校選択制度は地域と市民とのつながりを希薄にするものだから、見直しが必要だっていうんですよ。確かに、かなり遠方から通学している児童・生徒もいるので、安全上からも問題かな、と思う点もあるんですよ」

「まあ、それは確かにあるな」

「それで、見直しについて、課長のご意見を伺おうと思いまして……」

「係長は、どう考えるんだ？」

「いえ、まずは課長の意見を伺ってから、いくつか案を考えようと思って……」

「何⁉ 何の案も出さず、最初から俺に考えさせようというのか？ まずは、部下がいくつか案を検討してから、相談にくるものだろ。出直してこい！」

いくら、係長が課長に相談するといっても、このような丸投げ相談ではNG。何も考えずに「課長、どうすれば」と聞くようでは、課長も困ってしまいます。

相談するタイミングも大事

とはいえ、相談する案件を係長が考え込んで長い時間一人で抱え込んだり、相談する時機を逸してしまったりしては問題です。相談するには、タイミングも重要です。

係長が「これは重要な問題だ！ 急いで課長に報告しなければ」と思っていても、実は課長はすでに別ルートから情報を得ていたということも、実際にはあります。

また、**課長に相談するときは、いくつかの案を課長に提示したり、叩き台になる資料を作成したりします。**口頭だけの説明では、忙しい課長では忘れられる可能性が高くなります。簡単なものでもよいので、紙にまとめておいたほうが、頭に残り、後で

「それ、何だったっけ?」と言われるのを防ぐことができます。

本当に簡単なことであれば口頭でもよいのですが、**少々込み入った内容や、時間の経過とともに事態が進行していく案件の場合、簡単なメモでも書いておけば、後々のためにも役に立ちます。**

以前説明したことを課長が忘れてしまっていると、同じことを口頭で再度説明しなければなりませんが、資料を作成していれば、一目瞭然ということもあります(もちろん、資料を見せても『あ〜、そんなことあったなあ』ということも多々ありますが…)。

資料にまとめることによって、係長自身がその案件に対し、客観的に判断することもできます。「これを課長に相談するにあたっては、過去の事例も確認しておいたほうがいいな」など、冷静に判断できるようになるのです。

POINT!

- **相談する際には、事前に案を考える。**
- **なるべく口頭説明でなく、資料を作成する。**

4 課長に「進言・諫言」する勇気を持つ

係長と課長とでは視点が異なる

すでに述べたとおり、係長と課長では視点が異なります。基本的には、係長は係を、課長は課全体を見渡すため、それぞれの判断が異なる場合も当然あり得ます。

例えば、担当の職員が作成した案について、費用対効果からも事務の効率性からも、そして住民への影響からも「最善の案」と係長が判断し、課長に提案したとします。しかし、課長からすれば、首長の考え、議会の動向、役所全体から見た予算の優先順位などを考えると、その提案を取り上げないことも十分に想定できることです。それは、係長の立場では議会等の動向が見えにくいということもあります。一方、課長だからこそ、そうした上の意向に引きずられて、物事の本質が見えにくくなっている、ということもあります。必ずしも、いつも課長が正しいということはありません。

係長としては、そうした**課長の立場や視点を十分に加味したうえで、なお自分の案が正しいと思えば、課長に進言する**べきです。

しかし、その進言は必ずしも相手を論破することが目的ではありません。課長には、係長には伝えきれない首脳部の意向や、議員との関係もあり、個人的には係長の案でよいと思っていても、係長の案に是と言えないことがあるからです。このため、ときには最終的に「この案件についてはこれでいく」と強権的に決定されることもありますが、その際には、係長は黙って課長に従うほかありません。あくまで課長が、課の方針を決める責任者です。それが、組織のルール、組織人としての対応です。

課長に従うだけのイエスマンではダメ

反対に、「係長は課長の補佐なのだから、課長の意向に常に従うべきだ」として、自分の意見を言わない係長がいます。部下に仕事を命じるときも、「課長が○○と言ったから、この資料を作っておいて」など、すべて課長を言い訳にしてしまうのです。

しかし、これでは部下の信頼を失います。**部下にとって、係長は自分たちを守ってくれる砦**です。担当者が考えに考え抜いた案を係長に出したにもかかわらず、「課長がダメと言ったから」と他人事のような態度で言われたら、部下もやる気を失います。

一方、課長に「〇〇君の案は、費用対効果からも、効率性の面からもよいと思います。課長のご指摘については修正しますので、是非この方向で進めましょう」と、部下を後押ししてくれる係長であれば、部下も係長を信頼していくでしょう。

正しいと思ったことは堂々と課長に進言する。そのうえで、最終的には課長の判断に従うのが、係長の役目なのです。

場合によっては、課長に諫言せざるを得ないこともあるでしょう。あまりに課長が独断専行ばかりしていたら、部下の心は離れ、いずれ組織は崩壊してしまいます。そうなる前に、課長に厳しいことでも臆せず諫言する。それも係長の役目です。

POINT!

- **正しいと思ったことは、課長に堂々と進言する。**
- **いったん課長の判断が下れば、それに従う。**

5 判断・意思決定できる「材料」をそろえる

上司の役割を明確に示す

厄介な上司というのは、残念ながらどこの職場にもいるものです。

以前、朝出勤はするものの、必ずすぐに席を外し、他の課長と長々と雑談をしてくる課長がいました。本人は、「貴重な情報交換の時間だ！」と言ってはばからないのですが、実際には他の職場に行ってお茶を飲み、時間を潰してくるのです。

一事が万事そんな調子ですから、私を含め、係長以下の信頼をすぐに失っていったのは、言うまでもありません。しかし、そうはいっても組織は組織。どんな上司であれ、課長として働いてもらわないと仕事になりません。

そこで、当時係長だった私は、「これだけは課長としてやってもらわなければ困る」という仕事が何かを考え、最低限の課長の役割を明確にしました。

課長が課長の役割を果たしてくれないと、結局は係長以下にも迷惑がかかることになります。その迷惑を極力少なくするためには、「とにかく課長として最低限の仕事さえしてもらえればよい」と割り切ったのです。

裏を返せば、課長に期待することは、それだけ。それ以上でもそれ以下でもないので、非常にドライな考え方といえるでしょう。

役割を演じてもらうためには、材料の提供を

そして、私は「課長が最低限の役割を果たすためには、何を課長に伝えるべきか」ということを考え、**「課長、○○の件について、首長に説明しておかないと、次の議会で問題になりますよ」**とか、**「課長、△△について方向性を決めておかないと、組合ともめますよ」**など、役割を演じてもらうために、その時々に必要な材料を課長に提供したのです。今考えれば、多少脅しに近かったようなものもありましたが……。

ここまで、ひどい上司でなくても、係長としては課長が判断できるように、必要な

材料を適宜提供すべきです。

また、単に材料の提供ということでなく、一定の判断が必要な場合は、課長としては、係長が事前に十分に調査・検討し、ある程度の方向性を示してくれることを求めています。

それは、**課長は判断することが役割であり、一から調べるのは係長以下の役割**だからです。課長が最初から案を考えるということは、基本的にはありません。また、係長が調べ、課長が判断するということであれば、最低二人のチェックが入ることになりますから、組織としてミスの発生を抑えることができるという側面もあります。

課長は課長の視点から、係長の案を検討し、不足している点や疑問点を投げかければ、当初の案よりも精度を高めることができます。多少荒削りであった当初案が、複数の視点が入ることでバージョンアップできるのです。

POINT!

- **ダメ上司の場合でも、割り切って最低限のことだけはしてもらう。**
- **判断材料の提供だけでなく、方向性を示す。**

6 「首長」「議会」「住民」の三つの視点で考える

「首長視点」の二つの意味

自治体職員には、首長視点・議会視点・住民視点の三つの視点が求められます。まず首長視点です。これは全庁的視点とも言え、二つの意味があります。

一つは、文字通り、首長本人の視点です。首長は政治家ですから、自治体で既に決まっている施策だけでなく、その先のことも考えています。その内容はいずれ職員が担当する業務になります。このため、首長本人の考えを所信表明、議会招集挨拶、イベントでの挨拶、選挙公報など、あらゆる媒体からチェックするようにしておくとよいでしょう。そうすることで、先を読んで業務を行うことができます。

もう一つは、計画・財政・総務・人事など、官房系部門の視点です。これらの部署は、役所全体を取りまとめなくてはならない部署です。事業系職場にいると、こうした官房系はいろいろと口をはさんでくる厄介な存在のように感じるかもしれません。しかし、官房系職員もまた上から言われて、役所全体の統一性・整合性を図るために必死なのです。こうしたことを理解しておきましょう。

例えば、国の補正予算などで急遽給付金の支給が決まったとします。この給付は福祉的な意味合いも、経済対策の性格も持っているため、福祉部門と商工部門のどちらが担当するのか、もめてしまうことがあります。そのような時に、「これは、うちの仕事じゃない！」と頑なに主張する係長がいます。

一方で、「わかった。これはうちで引き取ろう」とすれば、調整役である総務に「貸し」をつくることができます。それが、後になって得につながることもあるのです。このように官房系の視点を持つことで、一つ高い視点から業務を見ることができます。

「議会視点」を持って課長を補佐する

次に、議会視点です。議会のことをあまり理解せずに係長に昇任する人もいますが、係長として仕事をしていくためには、議会の動向を知らないでは済まされません。議会の了承を得なければ、事業ができないということがあるからです。

また、いったん**議会全体の動きを理解しておくと、驚くほど仕事がスムーズになることはもちろん、課長を補佐する際にも非常に役立ちます。**

なぜなら、定例的に議会に報告する案件、決算委員会や予算委員会の準備、条例改正の提案、常任委員会の資料作成など、いつの時点で課長が何を必要とするのか逆算することができます。また、委員会資料の作成方法や議員対応などは、一度コツをつかんでしまえば、今後どんな職場に異動しても、必ず経験を生かせます。

議会を理解するためには、地方自治法の簡単な解説書で基礎知識を理解したうえで、自分の所属する自治体の議会の構成を把握しましょう。さらに、先例や申し合わせ、その議会特有のしきたりなども、議会事務局の職員に確認しましょう。

議員の顔と名前、所属会派も必ず覚えましょう。課長不在時に電話や訪問があった際、議員であることを知らずに対応して、「○○課長の職場に行ったら、そこの係長が俺のことも知らないで失礼な態度をとった！」などと言われるような無用なトラブルを回避できます。また、イベントなどに議員を招待した場合にも、スムーズに案内できます。

忘れがちな「住民視点」

住民視点が必要なことは言うまでもありませんが、日々業務を行う中では、つい忘れがちです。では、どうすれば住民視点を持てるでしょうか。これは、住民意識調査などの統計データ、首長へのメールやはがき、窓口での生の声などがあるでしょう。

例えば、統計データなどから住民の要望などを客観的に把握できれば、それを予算要求や事務改善につなげることもできます。一方で、住民は多種多様なので、住民の声は必ずしも一つにまとまっていないことも多いです。しかし、少数意見の中には、役所で見落としている視点もあり、それもまた反映できる可能性があります。いずれにしても、係長としては住民の声に敏感であることが求められるのです。

POINT!

- 全庁的視点を持つことで、一つ上から業務を見る。
- 議会に関する知識は、必ず役立つ。

7 課長と部下をつなぐ「結節点」になる

係長は、一人三役!?

中間管理職を象徴する言葉として、「上からはプレッシャーをかけられ、下からは突き上げられ」ということをよく聞きます。

実際には、課長であれ部長であれ、上には役職者が、下には部下がいるものですが、係長ほどこの言葉が切実に感じられる役職はないのではないでしょうか。

係長には、TPOに応じて、**①課長の立場になって職員に指示する、②職員と一緒になって課長を説得する、③両者の間に入って、係長の立場で両者を調整する、という三つの立場を演じ分ける**ことが求められるのです。

課長の命に従って、部下に動いてもらう

例えば、課長から急な用事を言いつけられて部下に残業をお願いしたり、係としては問題があると考えている事業について、職員の意に反して課長の指示で実施しなければならなかったりすることがあります。課長に命じられた以上、係長の個人的な思惑は別としても、部下にやらせる必要があります。

こうした場合、係長は職員のモチベーションに配慮する必要があります。

「自分も納得はしていないんだけど、課長からの指示ではどうしようもない。みんな、申し訳ないけれど協力してくれないか」と課長を悪者にしたり、「みんなの意見もわかるが、課全体から見れば、課長の言うことにも一理あると思う。大変だと思うが、よろしく頼む」と丁重にお願いするなど、いろいろあるでしょう。

ポイントは、部下のモチベーションを上げて、仕事を行ってもらうことです。係長としては職員の気持ちを十分に斟酌したうえで、理解してもらわなければなりません。間違っても、**「納得できませんから、うちの係ではできません！」などと課長に楯突き、組織人としてのルールを破らない**ことです。これでは、組織は成り立ちません。

職員と一緒に課長を説得する

また、すでに述べたとおり、係として「この案が最善である」と判断した場合には、職員とともに課長を説得するということも、場合によってはあり得ることです。

ただ、課長には首長や議会の意向など、係長では見えにくい点を加味して判断します。そうした課長の立場にも配慮して考える必要があります。

そのうえで、課長と議論を重ねるにあたって、十分な説得材料を示すことが求められます。そこで、課長には見えていなかったことが判明するかもしれませんし、当該案件について、さらに深く検討することができます。

そうした議論を重ねたうえで、課長が「ダメだ」と判断した場合には、その命に従うしかありません。

係長の立場から調整する

さらに、係長は、課長の立場でもなく、職員の立場でもなく、課長と職員の間をつなぐ立場から、両者の食い違いを調整することもあります。
課長は「A案だ」と言い、係員は「B案が最適だ」と言うような場合に、両者の顔を潰さないためにも、また、課全体の円滑な運営のためにも、折衷案である「C案」を提示して、両者に納得してもらうという腹芸も必要になってきます。

POINT!

●課長と職員の関係をバランスよく調整する。
●あくまで最後は課長の判断に従うことを忘れずに。

8 いつでも課長を「代行」できるようにしておく

課長席の電話に誰も出ない!

課長と職員の連携がうまくいっていない職場に共通していること。それは、課長が不在時に、課長席の電話が鳴っても、しばらく誰も電話をとらないことです。周囲の誰もが気づいているはずなのに、電話をとることがまるで外れクジを引くことかのように、みんな知らんぷり。最終的には仕方なく係長が電話をとるものの、ひどい場合には、すでに切られてしまっていることも多々あるのです。

これは、「課長宛にかかってきた部長や議員などからの電話に、職員では答えることができないから」という側面もありますが、「課長宛の電話は面倒だ」などと思っているのでしょう。

しかし、課長不在時は係長が代行することを係長・職員がともに共通認識を持ち、信頼関係が築けていれば、職員も課長宛の電話に出ることを厭わないはずです。

係長の誰もが課長の代行ができるように

通常は、課長不在時には課の庶務担当係長が中心となります。しかし、業務によっては、担当係長でないとわからないこともありますから、**庶務担当係長だけに任せるのでなく、係長の誰もが課長の代行ができるようにしておく**ことが求められます。

課長が病気や長期出張の場合は、しばらくは庶務担当係長が中心となって課をまとめなければなりませんが、このときも各係長が庶務担当係長を支えることが必要です。

課長不在時は、早期に解決すべき問題を放置したり、問題点を見過ごしたりしてしまう可能性が高いものです。いつも以上に係長同士の連携を意識しなければなりません。

「代行」としての立場をわきまえる

また、あくまで「代行」であり、その立場は課長と同じではないことにも配慮が必要です。ある会議に、事務局の立場で出席していたときのことです。出席するメンバーは課長クラス。そこに、ある係長が代理出席をしていたのですが、代理の立場ながら、他の課長を相手に言いたい放題の発言のオンパレード。それは、事務局の私から見ても、「代理ってことをわきまえていないのでは？」と思うほどでした。

他の課長が腹を立てるのは当然で、結局は「お前、どういう立場でそんな話をしてるんだ！」と怒られる始末でした。

あくまで「代行」であるということをふまえた対応が求められるのです。

POINT!

- **課長不在時は係長が代行する。**
- **庶務担当係長を中心に係長同士の連携を図る。**

Column 5

印鑑が大きくなる

最近は、さまざまな場面で「印鑑不要」「署名で結構です」ということが多くなりました。また、役所の意思決定も電子決裁が多くなり、紙決裁が減りました。だからといって、紙の分量が減ったかというとそんなことはないと個人的には思うのですが、それはさておき、今でも役所に勤める者として印鑑は必須アイテムです。

少なくなったとはいえ現存する紙決裁や、供覧・回覧の確認、各種書類への押印など、印鑑を使う場面は未だにあります。

ところで、統計をとったわけではなく、あくまで経験則なのですが、係長や課長に昇任すると印鑑を変更する職員をよく見てきました。今でも、課長になると変更する職員は多いようです。もちろん、それは昇任と同時に印鑑が壊れたわけではなく、職員が自発的に変更するのです。その際、なぜか印鑑のサイズが大きくなり、字体も複雑にするという現象が見られます。

入庁以来1回も印鑑を変更したことのない自分にとっては、非常に不思議なのですが、どうやら印鑑に対する信仰というか文化みたいなものが、役所にはあるようです。自分の権威を示すアイテムの1つになっているのかもしれません。そういえば、昔はよくハンコ屋さんが役所に出入りしていました。

これまで多くの課長、部長、そして特別職の方々を見てきました。印鑑が大きくなっていった方は数多くいましたが、ある部長は一般の印鑑よりも一回り小さいものを使い続け（しかも小学生でも読めるわかりやすい字体で）、特別職になった後でもそれを使い続けていました。それも、一種のプライドだったのかもしれない、と今は思います。

STEP 6

現場で役立つ
住民対応のヒケツ

1 「住民十色」、虚心坦懐にその声を聴く

つい忘れがちな住民目線

採用試験の面接では、「住民の立場になって、職務を行います！」と声高に言っていたのに、数年後にはそのことをすっかり忘れ、上から目線で住民に話している――。そんな職員が、残念ながら存在します。

部署にもよりますが、基礎自治体で行う業務は、とても住民に近い仕事です。例えば、教育委員会でお世話になった地域の方と、異動先の防災課でもまた仕事上のお付き合いがあるなんてことはよくあることです。

しかし、最近は、住民目線が身についていない職員も少なくありません。

係長だから伝えられる、さまざまな住民の立場

一般的な住民感覚だけでなく、住民の中にはさまざまな立場の人がいろいろな考えを持っていることを部下に伝えることが、係長には期待されます。

住民には、町会長や自治会長といった、一般的に自治体に協力的な方もいれば、自治体の施策に批判的でさまざまな手段で反対を訴える住民団体もあります。また、経済的に困窮している世帯もあれば、富裕層もあります。年齢も子どもから高齢者まで、一口に住民といっても多種多様です。

しかしながら、**経験の浅い職員は、つい住民を一括りにしてしまう傾向があるため、係長が日常業務を通じて理解させる必要があります。**

「この事業は、高齢者から見たらどう感じるかな?」「これは、地域の大方の理解を得られるかな?」などと部下に問いかければ、住民について考える機会になります。

多様な意見を持つ住民の期待に応えるために、職員が複数の視点を持てるよう指導・育成することが大切です。

虚心坦懐に住民の声を聞く

住民の声の中には貴重な意見も少なくありません。行政サービスの受け手である住民の立場から見ると、「これって、おかしくないですか？」と言いたくなるような施策も確かに存在するのです。

例えば、学校教育を例にすると、日本国籍であれば当然、小中学校は義務教育ですが、外国籍であればそうではありません。では、二重国籍の場合はどうなるのか、といったような場合です（当然、これにも規定がありますので、あくまで例ですが）。

役所にいると、無理難題を求められることも多く、こうした訴えを聞くと「またか……」と思いがちですが、実は行政が見落としている視点も少なくありません。住民の声を聴いたうえで、それでもやはり困難と判断する場合もありますが、はじめから色眼鏡で見るのでなく、虚心坦懐に耳を傾ける必要があるのです。

クレームの中に宝がある

民間企業では、しばしば「クレームは宝の山」と言われます。消費者のさまざまな不平やクレームの中に、ビジネスチャンスがあるということを示しています。これを役所に当てはめると、必ずしも宝だけではありませんが、同様に見逃してはいけない宝も確実に存在しています。

どんな住民に対してもできるだけ先入観を持たず、公平・誠実な対応を心がける。

このことを職員にも徹底していくことが求められます。

POINT!

- 住民には様々な立場の人がいることを教える。
- 行政の人間には気がつかない視点を教えてくれることもある。

2 遠回りのようで近道なクレーム対応のコツ

避けて通れないクレーム対応

職員であれば避けて通れない、住民からのクレームへの対応。私の奮闘記（?）をいくつかご紹介しましょう。

・福祉の相談窓口で、自分が補助の対象にならないことを知ると、大声で苦情をまくし立てる。途中から暴れ始め、最終的に刃物を振り回したので、警察に通報

・保護者から、「保育園の運営が悪い」と長文で多岐にわたる質問状がメールで送付され、保護者の指定した期日までに返事をしないと再度クレームのメール

・教育委員会で、「自分の子どもは指定された学校にはふさわしくない」と転校を要

求される。特別な理由もないため転校は不可と説明すると、連日押しかけてきて大声で長時間叫ぶ。結局、警察に来てもらい対応
・窓口で、「説明のときの口のきき方がなっていない」「目を見て話せ」と苦情。謝罪しても納得せず、上司が出て対応
現在も、庁内の至るところでトラブルは発生しています。これは日常的な出来事として理解するしかないようです。

腹を据えて対応する

クレームだからといって、最初から係長が出ていく必要はありません。まずは、担当職員がじっくり対応すべきです。そのうえで、**一向に収まる気配がなかったり、職員から助けを求めてきたりした時点で、係長が出ていきます。**

これは、部下のクレーム対応力を養うという育成の観点もありますが、苦情を言っている本人に対して、状況に変化を与えるという意味もあります。そして、**私が意識している対応のコツは、相手を疲れさせること**です。

おかしな言い方かもしれませんが、長時間クレームを言い続けるには、相当なバイ

タリティが必要です。そこで相手に、新しい対応者に対し改めて話をさせると、相手もさすがに当初の勢いはなくなってきます。

「何か職員に落ち度がありましたでしょうか？」

「この職員は全然なっていない。説明が目茶苦茶だ！」

「申し訳ございません。それでは、私が伺いますので、もう一度お話しください」

「さっき、散々説明しただろう！　その職員に聞け」

「ですが、私は初めてですので、すみませんが、もう一度お話しいただけますか」

このように対応しながら、**少しずつ相手をクールダウンさせていく**のです。

係長が対峙して、それでも引き下がらないときは、今度は課長にも出てもらい、同じように繰り返します。あまりに理不尽な要求の場合には、あきらめてくれるまで粘り強く対応することが、遠回りのようで近道かもしれません。

POINT!

- **クレームからは逃げない。**
- **係員が助けを求めてきてからが係長の出番。**

3 住民団体への対応は要注意

団体の背景を把握する

住民対応の相手方は、団体の場合もあります。

当然ながら、個人の場合とは異なる対応が必要です。大人数だから個人と違い特別な扱いをするということではなく、議会やマスコミ等に影響することも多いからです。一般職員では、こうした点について熟知していないこともあるため、初期対応は、現場の最前線を取り仕切る係長がリードしなければなりません。

まずは、団体の背景を把握します。町会や自治会など既存の団体として意見を出すということもありますが、任意のグループや団体の場合もあります。また、名称は「〇

○○の会」のようなものであっても、実際には△△学校の保護者が中心となって組織されたとか、特定の政党が関与しているといった背景があることも少なくありません。

課長に適宜報告し、判断を仰ぐ

団体の場合は、課長との面談を求めてくることもあります。

例えば、環境団体が自治体の脱炭素化の取組みについて聞きたいので課長が対応するとか、ある学校のPTAが教育委員会の課長に学校改築の件で面談を求める、などはよくあるケースです。

団体だから必ず対応するわけではなく、ケースバイケースです。係長としては、団体の意思や要望を確認したうえで、課長に伝え、判断を仰ぎます。議員などが介在していることも多いので、**係長が勝手に判断することは慎まなければなりません。**

また、こうした団体の場合、議会に請願・陳情を提出していたり、マスコミとつながっていたり、ホームページやSNSで宣伝活動を行っていたりすることもあります。こうした点についても、初期段階であらかじめ調べておき、課長に報告しておいたほうが、課長も今後の方向性を決定しやすくなるでしょう。

理不尽な要求には毅然たる態度で

プラカードを持って大勢で押しかけたり、日常業務ができないほど集団で抗議したりする団体もいます。このような**理不尽な相手に対しては、庁舎管理担当とも連携しながら、毅然と対応する**ことが必要です。

また、職員に暴力をふるったとか、器物を破損したとなれば警察に通報して対応することになりますが、勤務時間終了後になっても居座って移動しない、などでも警察に連絡することもあります。

このように、団体特有の注意点を押さえたうえで、対応しましょう。

POINT!

- **住民団体の背景について把握する。**
- **状況を把握したうえで、課長に判断を仰ぐ。**

4 広く「住民」の利益を考えて交渉する

保育園の運営変更に反対する保護者

住民対応には、住民と交渉して一定の結論を導くということもあります。

保育課の係長時代のことです。ある保育園の運営体制の変更に対して、一部の保護者から強硬な反対意見が出されました。

保護者説明会を何度か開催したのですが、当初は平行線。毎回、時間を延長して激しい議論になるものの、なかなか歩み寄ることはありませんでした。行政と保護者の考えには、非常に大きな隔たりがあり、本当に四月からの運営変更ができるのか、私自身、非常に心配になりました。

しかし、この反対する一部の保護者の意見は、声としては非常に大きく、役所としても真摯に受け止める必要があった一方で、実はその反対意見に従ってしまうと不利益を被る別の保護者がいたことも、事実だったのです。このため、その後の交渉では、この点を強調して話し合いを進めていき、どうにか最後には納得していただきました。

このときの経験から、行政が交渉する際には、**声が大きいからといって一部の人間に気をとられるのではなく、広く住民の利益を考えて交渉することが重要**であることを痛感したのです。

職員のメンタルにも注意する

行政を評する際、住民感覚がないとして「役所の論理」と言われがちですが、実際には、役所の一方的な考えを押し付けることはあまりないと思います。

公正・公平を旨とする行政においては、基本的には住民福祉の向上を目指しており、それを前面に出して住民の理解を得るのが、交渉の基本的な態度です。それに対して、当然反対する住民もいると思いますが、その場合には先程の事例のように、**「この事業を実施しないと、迷惑を受ける住民がいる」ことなど、反対することによって発生す**

る問題点を指摘して、地道に交渉にあたるしかありません。

難しいのは、迷惑施設と呼ばれる公共施設の建設などのケースです。大多数の住民が反対、しかし、その必要性は理解されるというものです。「建設が必要だということは理解できるが、この地域に建設するのは反対だ」――。いわゆるNIMBY（ニンビー）、〝Not In My Back Yard〟と呼ばれる意見です。

このような場合には、なぜこの地域に建設が必要なのか、他の地域への建設ではどのような支障があるのかを、根気強く説明していくしかありません。私自身の経験から言っても、こうした交渉は非常にハードとなり、場合によっては、職員が心の病になってしまうこともあります。

係長としては、交渉にあたる職員のメンタル面にも十分配慮する一方で、課長と緊密な連携を図りながら、係全体で対応することが求められます。

POINT!

- **交渉にあたっては住民全体の利益を考える。**
- **ハードな交渉の際には、職員のメンタル面にも十分注意する。**

5 住民説明会は「質問のしやすさ」がカギ

住民説明会は一大イベント

基礎自治体であれば、住民説明会は、必ずと言っていいほど誰もが経験するもの。その内容は、総合計画、保護者説明会、ごみの収集方法の変更、施設の建設計画など、多岐に渡ります。

住民説明会では、事前に周到な準備をしていても、当日、住民からどのような意見が出るかわからず、場合によっては大荒れになったり、議会でも問題になったりと大事になってしまうことも少なくありません。そこで、対応のポイントについて、整理しておきたいと思います。

準備は念入りに

まずは、開催に向けた準備です。住民の参加者数がある程度見込めればよいものの、そうでない場合は、**事前に町会や自治会に出席を依頼したり、幅広く広報したりすることも重要です。**「出席者は三人でしたが、説明会を開催したので、この事業を実施します」では、単なるアリバイづくりであり、いずれ議会でも問題になってしまいます。

また、**参加者は高齢者が中心なのに、小さな字で埋め尽くされた資料や、マイクも使わずに聞き取りにくい説明では、不満が出ることは必至**です。参加者に配慮した、入念なチェックが欠かせません。

さらに、職員の説明内容についても、事前に原稿を作らせ、差別的な表現は入っていないか、上から目線になっていないか、わかりやすい表現かなどをチェックします。

必ず住民に質問してもらう

当日は、役所の一方的な説明にせず、住民から意見を聞く時間も設けましょう。

「説明は以上ですが、何かご質問はありますか。なければ、これで終了します。本日はありがとうございました」では、住民は一方的な感じを受けます。

「どうぞ、本日の感想でも結構ですし、日頃何か疑問に感じることがありましたら、何でも仰ってください。せっかくの機会ですし、できるだけお答えいたしますので」と**住民側に寄り添い、質問しやすいようにハードルを下げる配慮**が必要です。

一人が質問すると、二人目、三人目の質問が出てきやすくなります。どうしても質問がない場合には、「では、この後も我々職員は少し残りますので、気になる点があれば、どうぞ遠慮なくお声をおかけください」といったように、間口を広げておきます。

住民説明会は、役所の職員にとっては真剣勝負の重要な場面。係長としては、課長の意向を十分把握するとともに、職員に対してもきちんと指示することが求められます。

POINT!

- **チェックも含め事前準備は入念に行う。**
- **住民が質問しやすいように間口を広げて待つ。**

Column 6

課長を目指すか？

係長になってしばらくすると、だんだんと係長の職にも慣れてきます。そうすると、次に「課長を目指すのか、それともこのまま係長のままでいるのか」を判断する時期がきます。

もちろん、「当面は、このまま係長でいいや。もう少し経験を積んだら、考えよう」と判断を先延ばししたり、「係長でさえ、こんなに大変なんだから。課長なんてとんでもない！」と早々に決断したりすることだってあり得ます。本人の人生観、価値観に関わる問題だけに、その答えは人によって異なり、正解はありません。

ただ、係長になると、一般職員のときには見えなかった風景を見ることができます。一般職員では、課長や部長と話すことはほとんどないという職員が大半ですが、係長であれば課長はもちろんのこと、部長や特別職などと会話する機会もあります。部課長がメンバーの会議に代理出席したり、課長不在時に部長から「係長、ちょっとこれ教えてくれ」と呼ばれたりすることもあります。

また、上の人たちが政策判断や人事評価をする場面に立ち会ったりすると、今まで遠い世界と思っていたものが、ぐっと身近な出来事となり、視界が広がります。すると、課長という立場が今までよりもずっと身近な存在になり、「これだったら、自分にもできるかも」と考えて、一般職員時代には考えもしなかった管理職試験を受験してみよう、と決心する係長もいるでしょう。

昇任試験制度の有無、職員の年齢構成などの違いもあり、管理職になるとしても、そのタイミングは人それぞれですが、目の前の仕事も大切ながら、キャリアについては日頃から考えておくことをおすすめします。

STEP 7

多忙な係長のための
ストレス・マネジメント

1 トライ＆エラーでかまわない

係長昇任後、すぐ降任

かつて、こんな職員がいました。

一般職員時代から非常に優秀で、周囲からも将来を嘱望され、本人も満更ではない様子。ただ、勝気な性格で、直属の係長を批判することもありました。

その後、しばらくして彼は係長に昇任しました。すると、「仕事ができる」ことを誇りに思っていた彼は、結果を重視するあまり、強権的に部下に指示を行い、仕事を進めていきます。しかし、一般職員時代と同様、周囲の人への気遣いが少し欠けていました。その結果、部下から反発されるのには長い時間はかかりませんでした。次第に、係で孤立するようになり、係の雰囲気も悪くなっていたそうです。

結局、彼は心の病になり、その後一般職員に降任しました。

意識的に肩の力を抜く

同じように、「係長として全力で取り組まなければ」と、係長選考の論文試験さながらに、ハードルを高くしすぎて、自分自身を追い込んでしまう人もいます。

しかし、私は**昇任直後は、意識的に力を抜くように心がけるべき**だと考えています。

なぜなら、昇任して係長という重責を担うことは、それだけで十分大変なことです。ましして、昇任したばかりでは、「実際にどのように部下と接するべきか」「課長との連携をどのように構築するのか」「仕事の進捗管理は具体的にどうするのか」など、係長の「現場感」とでも言うべき感覚も身についていません。

多くの人が、「傍から見ているのと、実際にやってみるのとでは全然違う」と感じるはずです。ですから、まずは肩の力を抜いて、現場感を養うことが大切です。

また、係長に昇任すると、自分の立場だけでなく、周囲の職員の対応も変わってきます。三月まで「○○さん」と呼んでいたのに、四月から急に「○○係長」と呼ぶようになります。職員の中にも、ちょっとした戸惑いがあるものです。

そんなとき、一人で頑張りすぎず、「係長って実際になってみると、結構大変なんだなあ」と周囲にこぼしてしまうのも、案外手かもしれません。昇任直後であれば、率直な感想として好意的に受け取ってもらえるのではないでしょうか。

また、この時期のミスは大目に見てもらえるものです。失敗しても、「間違ってしまった！」と自分を追い詰めるのではなく、周囲にわかるように「ああ、やっちゃった！」と積極的に自分の失敗をアピールするぐらいでもよいでしょう。

その後、一向に改善せず、ミスを繰り返すようであれば問題ですが、**昇任直後は「係長に昇任したばかりで、まだ慣れません。皆さん、お手数おかけします！」ぐらいの雰囲気を醸し出すくらいが、ちょうどよい**のではないでしょうか。試行錯誤して、失敗しては修正することを繰り返しながら、自分なりの方法を確立すればよいのです。

POINT!

- **自らハードルを上げて自分を追い込まない。**
- **失敗する自分を許す「ゆるさ」を持つ。**

2 タテ・ヨコ・ナナメの関係を活かそう

孤立せず、周囲とつながる

係長として仕事をしていると、少なからず仕事上の問題にぶつかります。その中には、係をまとめるうえで抱える問題として、一般職員のときとはまた異なる種類のものもあるでしょう。しかし、**一人で悩み、問題を抱え込むことだけは避けましょう。**

気軽に上司や同僚に相談すると、精神衛生上も実務面もラクになります。

例えば、昇任して異動した直後であれば、実務は部下のほうがよく知っています。「係長なんだから、部下よりもわかっていないと馬鹿にされる」などと思う必要はありません。ベテランの部下に教えてもらいながら、仕事を進めていけばよいのです。

係長は、係の仕事全体の管理や、部下への指導、上司の補佐など、一般職員とは別の役割を担っています。一方、実務の知識は慣れている職員のほうがよく知っていて当然です。**積極的に部下に質問したり、教えてもらったりしても何ら問題ありません。**

ただし、部下の指導方法や仕事の進捗管理など、係長の役割に関する内容については、上司や同僚の係長に相談することとなります。

上司である課長は、多くが係長を経験してきた先輩です。かつての係長時代には同じように悩んだり、苦しんだりしたはずです。係長から相談されて、無碍《むげ》に断ることはないと思います。自分の体験談もふまえて、一緒に考えてくれるでしょう。

また、他の係長への相談も有効です。業務に関連する悩みであれば、同じ課内の係長が、サポートしてくれるはずです。特に、庶務担当係長は、係長として経験を積んでいます。**「課長に相談するには、ちょっと……」という場合には、まずは、庶務担当係長に相談してみてもよいでしょう。**

出先職場は特に注意

特に、係長級でありながら、施設長になっている場合には、注意が必要です。

例えば、保育園長や出張所長などは、係長とはいえ、その施設の長ですので、気軽に相談できる相手がなかなか身近にはいない場合も多く、孤立してしまうことも多いようです。ひどい場合には、職員との間で対立関係に陥り、係長一人が浮いてしまうこともあります。**日頃から、同じ立場にある他の施設長や、直属の課長と連携を図っておく**べきです。

こういう立場のときも「自分は係長なんだから、頑張らなければ」と、孤軍奮闘してしまうと、自分を追い詰めることとなってしまいます。施設長の場合は特にタテとヨコの連携を密にするよう、心がけるとよいでしょう。

また、他部署の先輩・後輩といったナナメの関係にある職員に相談するというのも有効です。自分の業務や組織とは直接関係のない人だからこそ、物事を客観的に見て、アドバイスをくれるということもあるからです。

POINT!

- **一人で悩みを抱えず、上司や同僚に気軽に相談する。**
- **タテ・ヨコだけでなく、ナナメの関係も大事にする。**

3 ときには「割り切り」「嫌われる勇気」を持とう

いつも部下全員が納得するなんてことはない

部下全員の意見をよく聞いて、みんなで納得して仕事を進めるのが、係長の役目と思っている人が少なからずいるようです。

しかし、現実は異なります。問題のある部下もいれば、たとえ本人が納得していなくても部下にやらせなくてはいけない仕事もあります。そもそも性格的にソリの合わない職員だっています。**いつも全員の意向をふまえて、仕事を進めるなんてことは無理**です。

だからといって、係長がいつも部下に相談もせず、独断で強権的に「みんな、自分の言うことを聞け！」といった指示をしていては、部下からの反発は必至です。

部下への伝え方には十分に配慮し、**理解を求める姿勢を持ちながら、最後には自分で判断するのが係長のあるべき姿**です。納得しない部下がいたとしても、「この案でいこう」「いろいろ意見もあると思うが、これで進めよう」と決断するのです。

少々余談ですが、係長試験の論文添削をしていると、「係に問題が発生したときには、係会を開き、職員の意見を聞く」とだけ書かれた答案をたびたび目にしますが、そんなときは「係長のリーダーシップはないのか！」とツッコミを入れたくなります。いつもみんなに相談するだけでは、係長の役割を果たしたとは言えません。

仲良くすることより、係の目標を実現することが重要

このように、部下全員と仲良くやっていくことは、目指すべき方向ではありません。もちろん、最初から部下と対決姿勢で臨むことはありませんが、部下と仲良くなることは係長の目的ではありません。やはり、**「いかに係の目標を実現するか」が係長の最も重要な視点**です。

この点を間違えてしまうと、おかしな係運営になってしまいます。未だに、職員同

士が仲良しグループのような職場がありますが、そうした部署は仕事の成果という視点が不足しています。

部下に好かれようとするのは、疲れるだけ

係長が「部下に好かれよう」とばかり考えているのは、おかしな話ですし、現実的に無理があります。皆さんの今までの経験からもおわかりのとおり、いい職員もいれば、困った職員もいます。好き嫌いもあったはずです。

それは、係長になっても同じです。「誰からも好かれる係長」なんて幻想だと思っていたほうが無難ですし、それを目指していては、自分を疲弊させてしまうだけ。「部下全員と仲良くするなんて無理！」と、割り切って考えるようにしましょう。

POINT!

- 大切なのは係の組織目標を実現すること。
- 合わない職員はいるものと割り切ることも必要。

4 ツラいときは降任も選択肢の一つ

降任は恥ずかしくない

「どうしても部下への指導がうまくできない」など、係長になった後で、昇任前にはわからなかった大変さに圧倒されてしまい、係長から一般職員に戻るケースは、もう珍しいことではなくなりました。

以前は、こうした降任はきわめて稀だったため、非常に目立ってしまい、よく職員の噂になったものです。しかしながら、今は親の介護などを理由に一時的に降任したり、定年退職後に係長だった職員が再任用で主任として働いたりすることも一般的です。昨日まで係長として務めていた人が、今日からは同じ係員として一緒に働いているなんてことは、違和感なく行われており、職員の意識も変わってきました。

これまでの人事制度は基本的に右肩上がり、つまり昇任を基本とした一方通行の制度でした。しかし、今では降任は恥ずかしいことではなく、人事制度の一つとして受け止められています。

ですから、本当に「係長としてやっていくのはツライ！」と感じたならば、一般職員に降任するのも一つの方法です。もちろん、安易に選択することは問題ですが、**心の病になるぐらいであるならば、一般職員に戻ったほうがずっと賢明**です。

異動、降任、休職

どうしても「今の係長ポストは自分にとって厳しい」と考えた場合には、上司や人事に相談のうえ、いくつかの取り得る方法があります。

まず、一般的には異動です。本庁の係長から出先職場の係長になる、部下持ち係長が独任の担当係長になる、などです。現在の係長ポストの何が問題となっているのかにもよりますが、特定の部下とうまくいかなかったり、その職場の業務自体に困難を感じていたりする場合には、こうした異動が有効かもしれません。

次に、冒頭に述べた降任です。係長から主任など、職責を軽くすることで、また以前のようにいきいきと働ける可能性もあります。

さらに、休職することもあります。これは、心身の病気の場合がほとんどだと思いますが、無理をして自分を追い詰めるよりは、しばらく休むということも方法の一つです。実際に、私の周囲でも、係長の重責から長い間休むこととなったものの、その後復帰し、現在は別の係長ポストで活躍している職員もいます。

どんな場合でも、何より大切なのは、ツラいときは素直に「ツラい！」と周囲に相談すること。また、**降任や休職をしたからといって、それでキャリアが終わりなんてことはありません。**トライできるチャンスはあります。「一回降任したら、もうダメだ！」と自分で自分を苦しめることなく、上司や同僚、また人事に相談するなどして、早目に対応しましょう。

POINT!

- **降任は恥ずかしいことではない。**
- **ツラいと思ったときは、早めに相談・対応。**

5 ワークライフバランスを保つためのヒント

矛盾した思いを使い分ける

役所のどのポジションであれ、ワークライフバランスの実現は、職員共通の思いでしょう。

ワークを充実させるためには、それなりの工夫が必要です。係長として日常の仕事に追われ、自分の中に余裕がなくなってくると、「そもそも、何で自分は係長になんか、なったんだろう?」と自分を追い詰めてしまうものです。

私も係長だった頃、困った職員に振り回されたり、クレーマー対応が連日続いたりすると、「あ〜、係長になって責任が増えたなあ」などと嘆いていたことがあります。

確かに、一般職員と異なり、部下指導や、上司の補佐など、困難が増えます。しかしながら、こうした職責を通じて、**一般職員ではわからない、部下の成長を実感できたり、仕事のダイナミックさを味わったりできるのは、やはり係長だからこそ**です。また、住民から「係長さん、ありがとうございます」などと感謝されたりすると、この仕事をやっていて良かったなあ、としみじみ感じたものです。

こんなとき、責任の重さを嘆いていた自分と、やりがいを実感している自分を照らし合わせ「自分っていい加減だよな」と痛感します。ですが、そんな矛盾があってもよいのだと思うようにしています。こうした矛盾した思いを使い分けて、自分が安定できれば、それで良いのではないでしょうか。係長の重責に耐えかねて、メンタルに問題を抱えたり、仕事が嫌になったりしては本末転倒だと思うのです。

長く続けられるように

ワークライフバランスを実現させるためには、定期的に有給休暇を取得したり、仕事とプライベートを明確に分けたりするなど、意識的な切り替えも重要です。

本当に「これ以上、係長のポストはやっていけない！」と思い詰めるようであれば、降任も選択肢の一つですし、そこまで重症でなければ、疲れたら気兼ねせず休み、周囲の職員や上司のサポートを遠慮なく受けましょう。

冒頭のように**「何で係長になんか、なったんだろう」と疑問に感じたときは、係長を目指していた当時のことを思い出してみてください。**そもそも何で係長になりたかったのか、その当時のことを改めて振り返ることで、係長になった理由を再確認・再発見することができるかもしれません。

最初から完璧な係長などいません。失敗を重ねながらも、長く係長を続けることこそ、本当に意味のあることだと思います。

POINT!

- **係長の重責で自分を壊さないようにする。**
- **ワークライフバランスの実現のためには意識的な切り替えも重要。**

Column 7

効果的ストレス解消法

係長は、ストレスがたまりがちです。重要な仕事を任され、上司と部下、双方に配慮しながら日々仕事を行わなければならず、ときに精神的に疲れてしまうこともあるでしょう。

ストレス解消は、意識的に行うことが重要です。実は、公務員の不祥事は、本人がストレスに無自覚な場合に、痴漢や窃盗などの行為に走らせてしまうことが少なくありません。残業が続いたり、ハードな交渉をしていたりする場合、自分では大丈夫と思っていても、無意識にストレスを抱え込んでいることがあるのです。このため、大きな仕事をやりとげた後、溜まったストレスを変な形で発散しようしてしまうことが不祥事につながってしまったりします。取り返しがつかないことにならないよう、気をつけなければいけません。ストレス解消は単に自分のためでなく、家族のため、役所のためでもあるのです。

ストレス解消法には大きく２種類あります。それは、抱えているストレスを放出するか、「気持ちいい！」を注入するかです。

ストレスの放出は、何もしないでぼうっとしている、リラックスする、音楽を聴く、親しい友人に愚痴をぶちまける、カラオケで歌いまくる、などが挙げられます。「今日は、ストレス解消日！」として、係長という重責を忘れてしまうことが有効かもしれません。

また、「気持ちいい！」を注入するには、マッサージや温泉に行ったり、感動する映画を見たり、少々リッチな食事を楽しんだりと、積極的に心身に心地よいことを取り入れるのです。おいしいお酒を飲むこともその１つですが、飲みすぎると翌日は「不快」になってしまいますので、ご注意を。

本書は『ストレスゼロで成果を上げる　公務員の係長のルール』（二〇一三年）に加筆・再編集し、改題して出版したものです。

著者

秋田 将人（あきたまさと・筆名）

著作家。30年以上、自治体に勤務し、定年前に管理職として退職。在職中は、福祉・教育・防災などの現場から、人事・財政・議会などの官房系まで幅広く勤務。退職後は、書籍執筆、研修講師などを通じて、全国の公務員や自治体を応援する活動を行っている。また、別名義でライターを行うなど、活動の場も広げている。著書に『見やすい！　伝わる！　公務員の文書・資料のつくり方』『これでうまくいく！　自治体の住民説明会の進め方』『そのまま使える！公務員の文書・資料サンプルBOOK』『公務員のための問題解決フレームワーク』（いずれも学陽書房）、『お役所仕事が最強の仕事術である』（星海社新書）などがある。

業務も部下も動かせる！
公務員の「係長」の教科書

2024年11月8日　初版発行

著　者　秋田《あきた》　将人《まさと》
発行者　佐久間重嘉
発行所　学 陽 書 房
〒102-0072　東京都千代田区飯田橋1-9-3
営業部／電話　03-3261-1111　FAX　03-5211-3300
編集部／電話　03-3261-1112　FAX　03-5211-3301
https://www.gakuyo.co.jp/

装丁／吉田香織（CAO）
本文デザイン／Malpu Design
DTP制作／ニシ工芸
印刷・製本／三省堂印刷

ISBN 978-4-313-15153-6 C0034